EDITORA DO CONHECIMENTO

Auxiliando a humanidade a encontrar a Verdade

Já que amar é a suprema ciência da vida, que nos tornemos cientistas de nossas almas, amando ao Deus-Criador sobre todas as coisas e aos deuses-criaturas como a nós mesmos. Com tal conduta na rotina de nossa vida mental, eliminaremos, paulatinamente, as possibilidades de infringirmos os Estatutos da Vida a fim de não adquirirmos carma negativo.

Na condição de espírito eterno e imortal que você é, projete-se mentalmente rumo ao eternamente novo, tendo como foco centralizador de suas divinais aspirações sentir o Cristo-Amor, para manter a sua vitalidade psicossomática, tendo sempre em mente que amar é o medicamento mais sagrado do Criador nas criaturas.

Nomeie o Nazareno Mestre seu guia e modelo e procure conduzir a sua vida dentro dos princípios ético-morais que Ele viveu e ensinou. Assimilado o conteúdo moral de Seus exemplos nas ações e reações, com um pouco de esforço você será um ser humano integral, em condições de dizer com naturalidade e segurança: Eu Sou! Eu Sou porta-voz de Jesus!

Durante a leitura deste livro, pronuncie as palavras nele contidas com convicção e clareza, colocando toda a sua crística emoção na certeza de que você despertará o seu Cristo interno, a essência de Deus latente em seu âmago... Simultaneamente, vislumbre mentalmente o universo estelar e sinta-se parte não apartada de Deus, volitando pelo espaço sideral no bojo do planeta Terra, para adquirir a certeza de que amar é a ciência suprema da vida.

"A luz é presente, porque primeiro se fez presente o amor." – Silvestre

AMAR

A suprema ciência da vida

Amar: A suprema ciência da vida
Adolfo Marques dos Santos

Todos os direitos desta edição reservados à
CONHECIMENTO EDITORIAL LTDA.
Rua Prof. Paulo Chaves, 276 – Vila Teixeira Marques
CEP 13480-970 – Limeira – SP
Fone/Fax: 19 3451-5440
www.edconhecimento.com.br
vendas@edconhecimento.com.br

Revisão: Sueli Cardoso de Araújo
Projeto gráfico: Sérgio Carvalho
Ilustração da capa: Banco de imagens

ISBN 978-65-5727-135-3
1ª Edição – 2022

• Impresso no Brasil • Presita en Brazilo

Produzido no departamento gráfico da
CONHECIMENTO EDITORIAL LTDA
conhecimento@edconhecimento.com.br

Dados Internacionais de Catalogação na Publicação (CIP)
Angélica Ilacqua CRB-8/7057

Santos, Adolfo Marques dos
Amar: a suprema ciência da vida/ Adolfo Marques dos Santos – Limeira, SP : Editora do Conhecimento, 2022.
230 p. (Adventos Crísticos)

ISBN 978-65-5727-135-3

1. Amor - aspectos religiosos 2. Deus - Amor I. Título II. Série

22-1853 CDD – 231.6

Índices para catálogo sistemático:
1. Amor – Aspectos religiosos

Adolfo Marques dos Santos

AMAR

A suprema ciência da vida

1ª edição
2022

EDITORA DO CONHECIMENTO

Outros livros da série

Adventos Crísticos

Adventos Crísticos (1996)
O Fim dos Tempos e os Discos Voadores (2002)
O Evangelho e a Lei de Deus (2003)
A Arte de Interpretar a Vida (2008)
A Predestinação Espiritual do Brasil (2011)
Pérolas de Esperança (2013)
O Cristianismo Renovado (2014)
Os Novos Rumos do Cristianismo (2016)
Cura e Autocura à Luz do Evangelho (2017)
Brasil, a Luz do Mundo (2018)
Retorno Consciente para Deus (2019)
A Legislação Divina (2021)
Amar, a suprema ciência da vida (2022)

O produto integral dos livros
é destinado ao C. E. U.
— Centro Espiritualista Universalista
—
para a divulgação dos
ADVENTOS CRÍSTICOS.

O autor se encontra disponível para
realizar conferências sobre os
ADVENTOS CRÍSTICOS
onde for convidado.

www.adventos.org.br
adolfoadventos@gmail.com
Telefone: +55 (21) 996362184
WhatsApp: +55 (21) 996815447
You Tube: ADOLFO MARQUES
Facebook: Adolfo Marques dos Santos
Instagram: adventoscristicos
Rio de Janeiro — Brasil

Sumário

Esclarecimento

Vamos refletir, para que, verdadeiramente, entendamos que a predestinação espiritual do Brasil, já em andamento, será visivelmente concretizada nos próximos instantes. No entanto, procurando manter bem acesa a chama crística da sociedade terrena, estamos apresentando este livro para auxiliar os encarnados e os milhões de desencarnados a se conscientizarem de que, indubitavelmente, amar é a suprema ciência da vida.

Embora o Brasil seja a sede dos Adventos Crísticos, os países da América Latina fazem parte desse sacratíssimo conclave, que visa **à** renovação do Cristianismo em todo o planeta.

Ressaltamos que a implantação dos Adventos Crísticos em Aquário obedece a um planejamento sideral voltado para a Terra, conforme magnificamente esclarecido no livro ***Adventos Crísticos***[1].

Pietro Ubaldi, em sua obra ***A Grande Síntese***, escreveu:

> Brasil! Terra da promissão, da nova revelação, terra escolhida para a primeira compreensão, terra bendita por Deus para a primeira explosão de luz no mundo! Já um incêndio se acende lá; a compreensão tem sido instantânea, profunda; compreensão sem análise, de quem sabe porque sente, de quem está seguro porque vê. Os humildes, não procurados, não compreendidos e afirmados como primeiros, ao fazerem-no sem provas, sem discussões, lá onde a ciência — que tudo deseja saber — nunca acaba de pedir.

No livro ***Brasil, Coração do Mundo, Pátria do Evangelho***, de Humberto de Campos, psicografia de Chico Xavier, consta:

[1] Todos os livros citados, com as respectivas informações bibliográficas, constam na seção "Bibliografia" deste livro.

> Para esta terra maravilhosa e bendita será transplantada a árvore do meu Evangelho de piedade e de amor. No seu solo dadivoso e fertilíssimo, todos os povos da Terra aprenderão a lei da fraternidade universal. Sob estes céus serão entoados os hosanas mais ternos à misericórdia do Pai Celestial.

Observemos o título do livro retrocitado. Fica evidente que, sendo o coração um simbólico meio para o espírito exteriorizar amor pelo Criador e pelas criaturas, a pátria do Evangelho deverá conquistar, por meio da empatia, o mundo, usando apenas as armas do coração, pois sabemos que amar é a suprema ciência da vida, justificando-se, assim, o título deste livro.

No livro ***Elucidações do Além***, Ramatís, através de Hercílio Maes, escreveu:

> Evidentemente, à medida que o povo brasileiro se espiritualizar, assimilando conscientemente o racionalismo do processo reencarnacionista, ou seja, a grandeza e a amplitude moral das vidas sucessivas, que transformam o homem imperfeito de hoje no anjo futuro, o Brasil fará jus para receber novos acréscimos do Alto, que o habilitarão a ser, não somente o celeiro material do mundo, mas também um farol moral e espiritual da humanidade.

Em sendo amar a suprema ciência da vida, este livro visa a auxiliar no despertar de nosso Cristo-Amor, para juntos, pelas vias do coração, transformarmos o Brasil em um celeiro de luz em benefício da humanidade. O seu conteúdo é dirigido ao binômio razão-coração, sendo que, para sermos tocados pelo sentimento crístico, é necessário que estejamos desarmados para com os Haveres dos Céus. Assim, permitamos que a essência do Cristo-Amor invada nossos corações.

Para nos conscientizarmos de nosso Cristo interno, vamos refletir, fazendo uso do ascensional acróstico FRANCIS:[2]

> O aperfeiçoamento moral do ser humano o torna mais sensível e, consequentemente, mais potente para vencer a si mesmo, pois nasce a luta interior para substituir a soberba pela humildade, que o leva ao exercício consciente da **F**raternidade.

[2] Extraído do livro ***Adventos crísticos.***

Nessa caminhada rumo à ascensão, após conquistada a humildade, adquire-se uma confiança capaz de extrapolar os vínculos da dor que dilaceram o espírito e este passa a sentir uma força interior que lhe traz o impulso de Renascer para as coisas do eterno.

Observa-se que a confiança conduz o espírito a superar as paixões do ego, uma vez que o Eu Divino exterioriza a alegria de sintonizar-se, por ressonância, com o Amor ou princípio crístico.

Antes de atingir a plenitude do eu crístico nessa trajetória, o próprio fenômeno da reforma íntima que conduz à ascensão nos induz a compreender as vias da libertação, e a coragem surge, naturalmente, como alavanca propulsora para amarmos a Natureza-mãe e os seres da sua criação, guiando para substituir, sem destruir, as paixões inferiores.

Por ser a evolução comum a todos os seres, a própria natureza se encarrega de tal tarefa. Mas a ascensão é particularidade do espírito humano e, para tal, necessário se faz a persistência, pois vencer os óbices que atrelam o ser ao mundo da forma não é tão simples. Requer um grau de Compreensão que ultrapasse os limites máximos dos espíritos evoluídos, mas não ascensionados.

Quando se atinge a dimensão limítrofe entre a evolução e a ascensão e se vislumbra o limiar da nova dimensão, surge na consciência um novíssimo modo de ser que faz brotar do âmago uma profunda sensação de vertigem — aí o espírito, ao sentir o empuxo que o convida a abandonar conscientemente as partes para participar de um todo, fica um tanto quanto inseguro. É como fosse atirar-se de uma aeronave que estivesse acima das nuvens, sem paraquedas e sem saber onde iria cair. Para ascensionar, é preciso atirar-se conscientemente no abismo do mistério, convicto da onisciência, da onipresença e da onipotência de Deus em si.

Percebe-se que o espírito com tal grau de compreensão atingiu, naturalmente, a serenidade e, mesmo quando está temporariamente encarnado, os seus pés permanecem no chão, mas a sua mente funciona como uma antena cósmica, buscando contatar as dimensões superiores. Caracteriza-se, sobretudo, por Irmanar-se, pois já sente Deus imanente em toda a criação e transcendente a toda ela.

Conclui-se que as Perdizes do Consentimento Divino, simbolizadas pelos sentidos de ver, ouvir e falar com misericórdia, são as únicas ferramentas de que precisa o espírito para ir substituindo valores através dos milênios, até conseguir vibrar em uma dimensão que o mundo da forma não o atraia gravitacionalmente e possa, por livre e espontânea vontade, renunciar[3] aos valores do mundo transitório por ter atingido, na carne, a **S**antificação. É exatamente nesse patamar que o espírito conscientemente diz: **Eu Sou**!

[3] Aconselhamos o estudo criterioso do livro ***Evangelho, psicologia, ioga de América*** Paoliello Marques.

Ao leitor

Jesus, o nosso muito amado Nazareno Mestre, foi quem, no plano dos corporificados, melhor vivenciou o propósito sagrado do Cristo-Amor, razão pela qual, para a composição desta obra, vamos nos basear na essência de Sua mensagem e de Sua vivência demonstrada em plena luz do dia. Simultaneamente, vamos pedir-Lhe inspiração para transformarmos os Seus ensinamentos em nossas experiências, a fim de adquirirmos mérito e, de maneira crística, pois luminosa e amorosa, sentirmos as emanações permanentes advindas do Cristo — a fonte de inspiração divina e mantenedora da vida do planeta Terra.

Com a nossa fértil imaginação, mesmo quem não é vidente, ou não seja iniciado nas ciências ocultas, atentemos para o título do livro e a divinal energia que ele gera quando pronunciamos com convicção e com o tom da sacralidade — *amar é a suprema ciência da vida.* Ou seja, o próprio título já nos remete mentalmente para os planos em que o amor puro é o hálito da vida universal, o que justifica serem os apontamentos deste livro capazes de auxiliar no despertar da centelha do Cristo-Amor de que somos portadores. Como consequência, no final de nossa reflexiva leitura, estaremos emocionalmente conectados ao Cristo-Amor, ao criador do planeta Terra e naturalmente amparados para realizarmos, luminosamente, a implantação dos Adventos Crísticos em nossa consciência, tendo o universo conspirando positivamente a nosso favor, pois estaremos envoltos pelo Sublime Anjo de nossas sacrossantas aspirações — Jesus de Nazaré.

Uma vez que *somos o que pensamos,* durante a leitura deste livro seremos mentalmente projetados para os ambientes mais luminíferos de nossa imaginação... Aqueles em que são sentidas com mais amplitude as ondas provindas do inesgotável coração do Cristo-Amor. Na verdade, entraremos em crísticos devaneios, pois nos projetaremos para luminosos e divinais ambientes criados com a nossa salutar imaginação.

Na medida do possível, vamos ler este livro em voz alta, pronunciando as palavras com clareza e com o tom de quem fala sobre a divindade, para que, assim, regurgitemos de nosso íntimo o nosso Cristo interno, o nosso Cristo-Amor. Pronunciemos as palavras com segurança, para que elas sirvam de sagrados mantras, os quais aguçarão os divinos atributos de Deus de que somos portadores. Dessa forma, traremos de nosso inconsciente para o consciente a centelha do Criador existente em nós.

Tenhamos em mente que a leitura em voz alta e com clareza na pronúncia despertará de nossa latência, de maneira magnífica, a Força Superior existente em nosso âmago.

Em contato consciente com ondas de amor puro advindas do Cristo na magnificência de médium de Deus, seremos esplendorosamente magnetizados com a essência da criação universal — o amor — ao refletirmos sobre o título deste livro: ***Amar, a ciência suprema da vida***.

Em função de nosso nobre propósito, sem vacilar, nós nos sentiremos porta-vozes do Nazareno Mestre e, em júbilo, entraremos em êxtase divino, a ponto de, com garbo, afirmamos:

Eu Sou! **Eu Sou** uno com Jesus, o Sublime Médium do Cristo planetário terráqueo!... **Eu Sou** porta-voz do Nazareno Mestre, Aquele que nomeei meu guia e meu modelo!... **Eu Sou** luz!... **Eu Sou** vida!... **Eu Sou** amor!... **Eu Sou** parte não apartada de Deus.

Ao ler em voz alta, clara e com o tom de sua verdade, você trará à sua memória objetiva o seu Deus interior... O seu eu crístico... Acionará o seu Deus latente — a essência do Supremo Criador existente em seu âmago.

Uma vez que a nossa evolução já nos permite conceber que amar é a ciência suprema da vida, todo este livro falará de amor, usando diferentes artifícios para exaltarmos a existência da fagulha do Cristo-Amor em nosso universo íntimo. E, assim, exercitaremos trazer ao nosso consciente a onisciência, a onipresença e a onipotência de Deus, a fim de nos tornarmos criaturas integrais.

***

Você, leitor, na sequência da leitura:

• Perceberá que, de seu íntimo, surgirão indeléveis ondas de amor pelo Criador e pelas criaturas — nossos semelhantes...

• Progressivamente, será mais capaz de se amar, o que o tornará mais sensível e em melhores condições para identificar Deus em toda a criação e além...

• Em determinados momentos, sentir-se-á atraído pelo cosmo, o que o fará singrar o espaço sideral com as asas da imaginação e contemplar a magnífica e exuberante obra dos engenheiros siderais balouçando no universo. Com tais experiências e viajando pelo universo imaginário, sentirá, com o seu Cristo interno, uma indômita vontade crística de alcançar a frequência que identifica o Cristo-Pai, o Cristo-Amor, o Cristo-Bonança...

• Vislumbrará o belo e encantador universo estelar pontilhado com as cores vivificadoras e alimentadoras da vida de todas as centelhas de vida criadas por Deus e espalhadas pelo cosmo...

• Durante sua introspecção, buscando assimilar o conteúdo moral da mensagem evangélica contida na sutileza das palavras destes apontamentos, perceberá saírem de seu coração feixes de luzes com a cor rosa, notificando que o seu Cristo interno está despertando... Que o seu Cristo-Amor é capaz de amar de maneira incondicional... É capaz de simplesmente amar a tudo, a todos e ao Todo...

• Entrará em um estado de paz jamais vivido... Conceberá que o seu Cristo interno está sintonizado harmonicamente com o Cristo-Amor criador da Terra... Você se permitirá entrar em êxtase divino e, em voz alta, declamará um poema de gratidão ao Nazareno Mestre por lhe ter oportunizado ser um porta-voz dos Adventos Crísticos...

• Concluirá que amor é a essência e o essencial para a vida saudável dos seres humanos no universo de Deus, pois, "quanto mais se ama, mais se revitaliza", segundo Joanna de Ângelis. Assim, para evitarmos falar do ponto e do contraponto no dia a dia da vida, não nos deteremos no aspeto negativo de qualquer natureza ou situação, pois a mensagem do livro é para aguçar o nosso Cristo interno, o lado positivo e luminoso de que todos somos portadores, tendo em vista que, quando geramos um pensamento positivo e, ao mesmo tempo, outro negativo, com a mesma intensidade, a resultante é zero. Aqueles que valorizam demasiadamente o lado negativo da vida, quando falam dele, do negativo, naturalmente ficam mais exaltados. Em outras palavras: para mantermos um saldo positivo a nosso favor, evitemos falar sobre a luz e a ausência dela ao mesmo tempo. Quão bom seria se a nossa mente permanecesse pontilhada com as luzes dos bem-aventurados.

***

Leia com atenção e perceba o que vai acontecendo com o seu organismo, devido a você estar empenhado na assimilação dos textos, conforme consta no prefácio deste livro, pois ali está a dadivosa síntese de que amar é a suprema ciência da vida.

Estabeleça uma parada no final de cada capítulo e faça uma concentração mental direcionada à sua glândula pineal, a "residência" de sua alma... Imagine sua pineal semelhante a uma lâmpada acesa que aumenta a capacidade de iluminar com a sua concentração... Sinta-se capaz de se iluminar... De expandir a sua esfera áurica em grandes proporções de tal forma que envolva todos os seres vivos e, em especial, os humanos que estiverem ao seu alcance... Aceite o que Jesus falou: "Sois luzes".

Também, no final de cada capítulo, interaja, conscientemente, com as potestades celestiais. Para tal, plasme as dimensões dos anjos e, entre milhões deles, com os olhos da imaginação, veja Jesus, o guia de nossos guias, com os braços abertos nos convidando para um fraternal e energizante abraço como gesto de gratidão pelo nosso firme e determinado empenho em divulgarmos os Adventos Crísticos — a proposta do Cristianismo Renovado.

***

Oremos ao Nazareno Mestre:

Salve o Grande Foco! Salve o Cristo Solar!
Salve a Grande Luz do Cristo Planetário Terráqueo!
Salve o Nazareno Mestre, orientador espiritual do planeta Terra!

Jesus! Sublime Avatar do Amor!
Tu, que és a ponte que nos transporta ao Cristo,
Que és símbolo da mais perfeita beleza moral,
Refletor claríssimo do bem,
Caminho da verdade e da vida,
Nosso Mestre,
Nosso orientador,
Fonte de vida, por onde respiramos e sentimos o Cristo-Pai,
Felicidade das nossas felicidades,
Vida das nossas vidas,
Sonho dos nossos sonhos,
Bondade das nossas bondades,
Amor dos nossos amores.
Pela divina paz da claridade do Teu olhar,
Pelos caminhos de luz que Teu amor traçou para a vida,
Pela quietude que derramaste dentro dos corações,
Pelos discípulos que iluminaste para espargir as sementes da bondade,
Pelos raios de Sol que, como nuvens de prata, os homens são envolvidos,
Nossa gratidão hoje, amanhã e na eternidade,
Por termos sido contemporâneos do espírito-humildade Chico Xavier.
Que seja ele por Ti abençoado agora e sempre!
Senhor!
Bênçãos e ondas de paz para o mundo!

Graças a Deus!
Amém!

Prefácio

Durante a leitura deste livro, no desenrolar das reflexões, perceberemos que, verdadeiramente, amar é a suprema ciência da vida, pois, além das sublimes informações que obteremos, nós nos conscientizaremos em definitivo da onisciência, da onipresença e da onipotência de Deus no ser humano.

Ao adquirirmos conhecimento de que somos portadores dos divinos atributos de Deus, de imediato acionaremos suavemente o nosso Cristo-Amor e passaremos, de maneira progressiva e eterna, ***a amar a Deus sobre todas as coisas e ao próximo como a nós mesmos.*** Evidentemente, cada qual expressará o seu amor de acordo com a sua evolução moral.

> A lição do Mestre Nazareno, de que devemos amar a Deus sobre todas as coisas e ao próximo como a nós mesmos, nos convida à adoção da ética universal em que o ponto focal é a vida, na mais abrangente e ilimitada expressão, razão primeira e primordial de existirmos como filhos de Deus.[4]

Observaremos que, ao dilatarmos a nossa percepção extrassensorial, aumentaremos a nossa capacidade de identificar o Deus do universo e o universo de Deus, justificando, assim, o fato de as criaturas mais lúcidas quanto ao sentido sagrado das reencarnações não se apoquentarem com questões corriqueiras que fazem parte da existencialidade, pois elas vivem com os pés sobre a Terra, mas suas aspirações transcendem ao plano material e vão vislumbrando, progressivamente, o universo estelar. Tais pessoas se sentem fortemente atraídas pelos Céus, razão pela qual vivem harmonizadas com os seus semelhantes da Terra, o que significa dizer que os conflitos sociais retratam a de-

[4] Extraído do livro ***O evangelho e a lei de Deus.***

sarmonia íntima em que vive bom percentual dos seres humanos, atrelados demasiadamente aos valores perecíveis do plano material.

O indivíduo, quanto mais moralmente evoluído, mais humilde se torna, o que o leva a demonstrar na vivência a sua crescente necessidade de Deus, isso porque ele não se sente autossuficiente. Tal indivíduo ama a vida no plano da existência e se prepara emocionalmente para, quando chegar ao outro lado da vida, permanecer lúcido, pois consciente de que a morte não interrompe a vida e, assim, continuar amando a vida e o Autor da Vida no plano da essência.

Os textos vão nos conscientizando quanto à suprema finalidade da vida, de forma que compreendamos que é constante universal se amar para evoluir, sabendo que antes do autoamor não haverá ascensão. Com a gradual evolução, o espírito concluirá que a gênese do universo é um ato crístico de amor realizado pelos espíritos arquiangélicos criadores de mundos, razão pela qual eles passam a agradecer a Deus pela oportunidade de cada reencarnação.

Também, na sequência da leitura, vamos ampliar a nossa percepção extrafísica e, de maneira segura, concluiremos, sem muito esforço, que somos viajores cósmicos aprendendo a amar na Terra.

Durante a compenetrada leitura, de maneira proposital, periodicamente seremos levados a crísticos devaneios, com o sacratíssimo objetivo de despertar mais e mais o nosso Cristo interno, visando à expansão do amor em nossa consciência. Dessa forma, o sagrado ato de amar ao próximo como a si mesmo passa a ser tão natural e automático quanto o vital ato de respirar.

Mesmo frequentando uma escola primária como ainda o é a Terra, o ser humano já concebe o divinal transformismo evolutivo rumo ao infinito, o que o credencia a viver exercitando a fraternidade universal.

O homem-espécie, ao colocar na pauta de sua vida a primeira lei do Criador, que é *amar a Deus sobre todas as coisas,* de maneira naturalíssima passa a amar a criação de Deus, obtendo, por mérito, o 'milagre' da vida saudável.

Embora a vida do outro lado da vida seja considerada por

muitos seres humanos um 'mistério', certo é que, tendo em vista que a morte não interrompe a vida, vivenciemos os princípios ético-morais ensinados pelo Pedagogo Sideral a Serviço do Cristo Terráqueo — o Nazareno Mestre —, a fim de nos conscientizarmos de que amar a verdade é amar ao Autor da Vida, para que, suavemente, consigamos trazer ao nosso consciente o divino atributo da luminosa vontade no homem.

Durante a nossa consciente leitura, perceberemos, com clareza de detalhes, o quanto é importante conduzirmos a nossa vida de maneira transparente diante dos olhos humanos, pois, na verdade, a nossa boa relação social expressa a nossa integração consciente ao nosso Criador. Por assim ser, estigmatizaremos divinamente a nossa alma com a essência do Cristo-Amor criador da Terra, para que tenhamos corpos biologicamente saudáveis em função da hereditariedade do espírito que pauta a existência, seguindo os princípios evangélicos vividos e ensinados por Jesus de Nazaré.

O material didático constante neste livro sobre hereditariedade levará a ciência a conceber que a chamada hereditariedade genética carece de novas reflexões, tendo em vista que, diante das Leis de Deus, os erros e os acertos na condução da vida são realizados pelo espírito em sua individualidade, mesmo quando há ações em grupos. Daí, a herança genética com provas e expiações não ser devida aos progenitores, mas trazida pelo espírito de vidas anteriores, gravada na alma e armazenada no perispírito do espírito reencarnante. Por ser o indivíduo livre para semear, indubitavelmente ele colherá os frutos de sua semeadura. Poderemos até dizer que a herança genética dos caracteres externos, como, por exemplo, cor da pele, fisionomia etc. é dos pais, mas as doenças e outras dificuldades existenciais são frutos das nossas escolhas, geradas, primordialmente, em vidas anteriores.

Ainda é comum, no planeta Terra, milhões de pessoas viverem sem expressão corpórea, sem vida nos olhos e sem brilho na face. Isso porque carregam das vidas pretéritas as desarmonias vividas acompanhadas pela culpa, o que torna o passado inibidor do presente.

Sem fazer apologia à dor, o livro esclarece quanto ao magnífico trabalho realizado pela dor para a elevação moral da criatura, levando a sociedade a compreender e aceitar a dor como função criadora no homem.

A humanidade terrena, por ser composta, em sua maioria, por espíritos de evolução primária, é portadora de miopia psíquica por falta de autoamor, razão pela qual o último capítulo sugere o ser humano a amar e agradecer ao Cristo Planetário Terráqueo, tendo sempre em mente que somos Cristos-criaturas exercitando a nossa capacidade de amar o Cristo-Criador da Terra, sabendo que Cristo é sinônimo de amor universal.

***

Você, leitor:

Antes de iniciar o estudo dos capítulos, mergulhe em seu ensurdecedor silêncio interior e faça uma oração ao Nazareno Mestre, nosso guia e modelo. Em seguida, converse com Ele a respeito de suas aspirações, almejando realizá-las no atual encarne. Peça ao nosso angelical Mestre para lhe intuir quanto ao foco que você deverá manter em sua mente para adquirir condições de ser um divulgador do Cristianismo Renovado. Diga-Lhe com o coração o quanto você gostaria de ter mérito, a ponto de se tornar um porta-voz dos Adventos Crísticos, e o quanto gostaria de ser portador da voz que transporta a bioenergia da misericórdia do falar.

Tenha o garbo de dizer convictamente: "Eu Sou um porta-voz do Nazareno Mestre, o angelical porta-voz do Cristo Terráqueo".

***

> O homem, ao conhecer a Lei de Deus, dinamizará a sua luz interior, deixando de ser tolo ao negligenciar os ensinamentos libertadores. Dessa forma, saberá melhor aproveitar cada existência, o que é normal para quem sabe que a finalidade precípua da vida é evoluir e ascender, mas, que, para tal, deve fixar os seus objetivos primordiais nos céus, "porque onde estiver o vosso tesouro, aí estará também o vosso coração" (LUCAS, 12:34).[5]

[5] Extraído do livro *O evangelho e a lei de Deus*.

Capítulo 1
Onisciência, onipresença e onipotência de Deus no homem

Pergunta 1: - Somos sabedores de que o homem-espécie é portador dos atributos de Deus. Como trazermos ao nosso consciente que, em latência, desde que fomos criados na condição de mônadas, somos portadores da onisciência, onipresença e onipotência de Deus?

Resposta: – Através do conhecimento libertador do plano material, o espírito, mesmo encarnado, vai aumentando a sua frequência e, como consequência, adentrando mentalmente em planos energéticos mais sutis, pois menos densos, o que lhe propicia conceber experimentalmente, de maneira progressiva e eterna, a onisciência, ou seja, ter ciência ou conhecimento de Deus existente em si e em todos os seres vivos.

Com tal visão, embora conceitual, ele vai dilatando a sua percepção extrassensorial, o que lhe permite, além de identificar progressivamente mais Deus em si, se conscientizar de Sua onipresença, o que quer dizer, de Sua sabedoria, impressa em todas as vidas no universo. Como consequência, ao identificar a onipresença de Deus, brota-lhe, como impulso natural e irrestrito, o atributo divino da vontade, que também se encontrava latente, o que o conduz a conceber a onipotência, ou seja, a vontade de Deus em si e, simultaneamente, nos universos existencial e essencial, onde a Vida É, tornando-se gradualmente mais operante na obra do Criador, principalmente induzindo os seus semelhantes a se empenharem no despertar do autoamor. Ele passa a aspirar sentir o Deus do Universo em Sua Sagrada Essência e o Universo de Deus-Vida em Sua Existência-Criação. Nesse estado mental, ele abraçará os diferentes povos e conviverá com as diferenças de qualquer ideologia ou etnia, pois se sentirá uno com Deus... Sentir-se-á parte não apartada do Supremo e Onipresente Criador.

A alma graduada ao autoamor, de maneira suave, pois sem lutas íntimas, responde, mesmo que inconscientemente, ao empuxo divino. Sente-se atraída pelos planos da essencialidade sem perder o sagrado contato com o plano da existencialidade. Em tal estágio evolutivo, ela passa a ter os Céus como ponto centralizador de suas crísticas aspirações e aquisições, reconhecendo o que consta em Lucas (12:34): "Porque onde estiver o vosso tesouro, ali estará também o vosso coração".

Pergunta 2: - O ser humano, a partir do momento em que, por evolução espiritual, concebe que é portador dos divinos atributos de Deus, pode dizer que descobriu Deus em si?

Resposta: – As descobertas humanas, em relação à divindade suprema, por mais abrangentes que sejam, são sempre relativas, considerando que o finito homem não tem como conceber o Infinito Deus, o Absoluto Incriado Criador. Assim, a descoberta de Deus em nós é progressiva, pois eterna, uma vez que a evolução não tem ponto final.

Para nossa reflexão:

- Não é suficiente ao ser humano conceber intelectualmente que é portador dos divinos atributos de Deus, caso ele não transforme tais conceitos em vivência crística, a fim de se tornar patrimônio eterno do espírito imortal que é. Daí a razão de ele passar a ter ações luminosas e espontâneas na rotina da vida, pois não precisará racionalizar para agir ou reagir de maneira magnífica, pois evangélica, tendo em vista que, por se tratar de criatura que já transformou a mensagem do Nazareno Mestre em vida, as suas atitudes serão naturalmente crísticas.
- Em Aquário, já estamos caminhando em direção às grandes conquistas morais, pois eternas, embora progressivas, as quais proporcionarão nos desconectarmos emocionalmente daquelas ensejadas tão somente pela evolução científica e tecnológica de nosso mundo, tendo em vista que, embora importantes para satisfazer às nossas comodidades existenciais, tal evolução não satisfaz integralmente às nossas aspirações transcendentais.

• Quando conscientes de que somos, em essência, partes não apartadas de Deus, nós nos tornamos coparticipantes do Criador, pois desprovidos da fúria intelectiva, que, quase sempre, leva o ser humano à disputa de poder e domínio, além de reconhecimento social, dificultando, assim, vivenciarmos os princípios ético-morais vividos e ensinados pelo Nazareno Mestre.

Por assim ser, oniscientes de que somos portadores dos divinos atributos de Deus, nosso empenho deve ser no sentido de conduzirmos os conhecimentos adquiridos pela razão para serem vivenciados pelo coração. Quando tais conhecimentos são evangelicamente transformados em experiência crística, eles se tornam patrimônio eterno de nosso espírito imortal.

Com a mensagem evangélica inserida na rotina da vida, os portadores de intelectos brilhantes já não se dedicarão à fabricação de armas da morte. É o 'milagre' causado pela autoevangelização, de tal forma que as nossas mãos não sejam mais usadas para a destruição, mas para abençoar tudo que tocarmos ou segurarmos... As nossas mãos serão transformadas em ferramentas de trabalho que exaltem a obra de Deus.

Também, quando conscientes da onisciência de Deus em nós, adquiriremos o conhecimento libertador da forma concreta, o qual, à medida que o transformamos em vivência, vamos nos conscientizando da onipresença de Deus em todos os seres humanos, o que nos leva a uma conduta ética que expressa sermos seres evangelizados.

> Ora, ao adotarmos a ética da vida cristã, a nossa busca do entendimento das leis de Deus vai banir do nosso pensamento qualquer possibilidade do uso do Evangelho como fundamento de práticas que em tudo e por tudo ferem os seus princípios, como, por exemplo, as chamadas Guerras Santas.[6]

Pergunta 3:* - *Em benefício de seu crescimento moral, a partir de qual estágio evolutivo o espírito humano vivencia o que conhece sobre a sacralidade da vida enquanto encarnado?

---

[6] Extraído do livro *O evangelho e a lei de Deus.*

Resposta: – Quando o homem-espécie, valendo-se do conhecimento, adquire novos hábitos salutares e estes, os novos e iluminados hábitos, o conduzem à nova ética e à nova moral, ele caminha com segurança em direção à sua libertação íntima, almejando sentir o Cristo-Amor. No entanto, caso ele não transforme esses novos conhecimentos em vivência evangélica, poderá dar vazão à vaidade e à sua irmã gêmea, a soberba, e, como consequência, passar séculos, milênios, eras ou ciclos planetários rodopiando em torno de seu vazio existencial à procura do nada. Na verdade, ele é um *pobre de espírito*.

Fica explícito que o conhecimento sem a sabedoria vivencial não liberta a alma para voos ascensionais, uma vez que ela fica presa aos fortíssimos elos energéticos de seu ego e não consegue acionar o seu eu crístico, o seu Cristo interno, o seu Deus interior para envolver coletividades.

Por processo natural, percebe-se que, quando somos portadores dos conhecimentos evangélico-libertadores, mas não os transformamos em sabedoria na vivência, o nosso organismo envelhece de maneira muito mais acelerada... O nosso rosto, devido à culpa revestida da autopunição, por exemplo, fica sem brilho e os nossos olhos sem a luz gerada pelo dínamo do coração, que ilumina as almas que estiverem ao nosso alcance. Em tais condições, demonstraremos que precisamos de uma cota extra de vitalidade divina para recompor as energias vitais após a mudança de hábitos. Nesse caso, a oração diária é altamente medicamentosa. Portanto, por questão de sabedoria, transformemos o nosso simples falar convictamente em oração e, assim, manteremos a nossa saúde psicoemocional e corpórea.

Durante a leitura deste livro, você vai se deparar com viagens mentais de elevadíssimo teor energético, uma vez que *o ser humano é o que ele pensa, o que ele aspira a ser e o que ele ama.*

A autoimantação é um devaneio crístico em que se mergulha em um universo imaginário e se viaja pelo cosmo para dilatar a superconsciência. Durante a leitura, você será projetado para o ambiente da paisagem criada por sua capacidade imaginativa e perceberá que todos os seus corpos serão beneficiados. Vão lhe brotar entusiasmo pela vida e dinâmica mental, a ponto de elevar a sua frequência e você enfrentará o momento apocalíptico com elegância crística e com aura resplandecente, certo de que na obra de Deus não há acaso.

***

Leitor! Fale com segurança. É importante você falar, ao invés de apenas ler:

Eu, espírito-luz que sou, vou magnetizar positivamente todas as partículas do meu corpo biológico através da minha voz e da minha força mental, pois estou conectado ao Cristo — a fonte alimentadora da vida planetária.

Com mais amplitude, despertarei os divinos atributos de Deus em mim por meio de minha força interior, pois, cada vez mais estou me conscientizando de que sou parte não apartada de Deus. Por assim ser, falarei com convicção, na condição de espírito imortal que sou. Direi assim:

— Eu Sou divino.
— Eu Sou luz.
— Eu Sou sagrado.
— Eu Sou energia-força.
— Eu Sou eterno.
— Eu Sou harmonia.
— Eu sou paz.[7]

Mergulharei no plano divino. Em um universo crístico de sons, cores e perfumes. Vou me imantar com as energias defluentes da luz do mundo — o meu irmão-luz, Jesus de Nazaré —, Aquele que ***também é caminho, também é verdade e também é vida.***

Entrarei na aura-luz do Nazareno Mestre e, em contato direto com a magnífica esfera áurica de Jesus, o Sublime Peregrino, que projeta refulgências luminosas no éter cósmico, sinto que a minha aura vai adquirindo mais brilho e mais luz... Sinto que a minha aura vai se expandindo e mudando de cor... Sinto centuplicar em meu íntimo energia-força, energia-luz, energia-motriz.

Percebo que a minha aura, formada pelas luzes de meu mundo interno, está sofrendo saltos eletrônicos, saltos quânti-

[7] Extraído do livro *O fim dos tempos e os discos voadores.*

cos e, com isso, mudando de cor.

À medida que interajo com o Mestre-Luz... Com o instrutor da humanidade terrena... Com o sublime sintetizador cósmico a serviço de Deus na Terra, sinto em meu íntimo disposições emotivas que elevam a frequência de meus chacras, fazendo com que eu me torne um ser luminoso, pois de todos os meus poros saem luzes.

Neste instante, inebriado pela aura branca de Jesus, subirei com Ele a um monte, onde Ele orará ao Cristo-Pai, o criador da Terra. Com Ele em oração, vejo a Sua transfiguração... Vejo-O metamorfoseado em luz de alvura imaculada... De alvura lirial... Vejo a Sua luz imensurável... Vejo a Sua deslumbrante aura branca semelhante ao Sol nascente.

É maravilhoso!... É inusitado!... É sacratissimamente encantador!.. É sublime sentir os meus corpos físico e energético se transformando em mais luz e mais cores... Sentir que eles estão adquirindo mais vitalidade.

Neste ambiente-luz, com os meus chacras em altíssima velocidade, noto-os canalizando para os meus corpos mais energias provindas da iridescente esfera áurica do Nazareno Mestre... Estou sentindo um bem-estar indescritível... Uma agradável sensação de êxtase... Estou sentindo a plenitude... Estou recebendo um abraço energizante do meu guia — o Sublime Anjo — Jesus de Nazaré.

Agora, estou acompanhando Jesus passeando pela mãe-natureza... Estou contemplando com Ele a beleza da Criação. Percebo que, com a presença do Nazareno Mestre, tudo à nossa volta ganha mais vida... Mais cores... Mais energia... Mais luzes!

É magnífico!... É magnífico ver a floresta à nossa volta em festa... Ver gigantescas árvores se curvando em um ato de reverência Àquele que é o mais perfeito representante do Cristo-Pai aqui na Terra... Ver as árvores de menor porte querendo tocar nas vestes do Anjo da Galileia... Ver as plantinhas se esticando para contemplar a passagem do esplendoroso anjo.

É divinal sentir que dos arbustos coloridos exalam essências para perfumar o caminho por onde passa o anjo estimulador da vida — o Nazareno Mestre —, o médico da minha alma e do meu corpo... É encantador ouvir a floresta pedir a Jesus, o intérprete da vontade do Cristo na Terra, que ore... Que ore ao

Cristo-Pai pedindo chuva... Pedindo que faça chover, pois aqui onde estamos a terra está ressequida... A terra está sem água... A terra está quase sem vida.

Neste instante, vejo o Nazareno Mestre, emocionado com a solicitação do mundo vegetal, ajoelhar-Se sobre a mãe-terra e começar a orar. À medida que Ele ora, percebo que tudo, verdadeiramente tudo à nossa volta, vai se transformando. Da terra sinto vibrações agradáveis... Vibrações de gratidão... Vibrações de louvor à vida e ao Autor da vida. Dos pássaros, ouço sons com a musicalidade da vida... Com a musicalidade de gratidão ao Criador da vida. Da floresta, ouço uma agradabilíssima salva de palmas... Palmas vegetais de teor crístico, em um ato de gratidão ao Nazareno Mestre — o intérprete do Supremo Criador —, por ter orado ao Cristo-Pai pedindo que fizesse chover naquele sagrado santuário.

Eu continuo olhando para o Nazareno Mestre em oração... Olhando para o Seu rosto e, também, para o Seu chacra coronário. Emocionado por ver a profusão de luzes em torno do amado Mestre, também vejo que, do alto da montanha de 70 metros de altura que está à nossa frente, começa a brotar, por entre as pedras, um cristalino filete de água.

Percebo a presença de Poseidon movimentando as forças da natureza para atender à solicitação do Nazareno Mestre. Simultaneamente, vejo mais água se precipitando do alto da montanha... Água em abundância, formando um leque de inigualável beleza. Agora, vejo toda a montanha transformada em uma lindíssima cascata de águas coloridas.

Novamente, olho para o Meigo Jesus e, em meio às gotículas de água que escorrem pelo Seu angelical rosto, observo rolarem também cristalinas lágrimas semelhantes a pérolas preciosas... Lágrimas de júbilo... Lágrimas de êxtase... Lágrimas de gratidão à mãe-natureza por ter atendido ao pedido da floresta.

Começou a chover, quando o Mestre Se levantou. Ele está olhando, neste instante, com olhos de pureza angelical para o ambiente... Ele está escutando, no ensurdecedor silêncio deste santuário natural, a musicalidade da criação.

Agora Ele está auscultando a natureza para saber o que se passa. Ao mesmo tempo, estamos ouvindo sons de um coral formado por todos os seres viventes deste santuário sagrado e consagrado à vida onde estamos.

Neste instante, eu, ao presenciar, por parte da natureza, as manifestações de gratidão ao meu muito amado Mestre... Ao vê-Lo emocionado ouvindo as melodias do coral... Ao ver um anjo se emocionar com as manifestações de carinho dos reinos mineral, vegetal e animal... Ao partilhar de toda essa apoteose de sons, cores, perfumes e luzes, surge em mim, neste momento sagrado, um estado de leveza, de tranquilidade, de harmonia interior.

As vozes inebriantes dos seres menores da criação tocam as filigranas da minha alma e eu me sinto como que fugindo da ação gravitacional... Sinto-me leve como um beija-flor... Sinto-me arrebatado em espírito... Sinto-me atraído por potente força-energia... Sinto-me atraído pelo empuxo divino... Sinto-me volitando em dimensões luminosas.

Graças a Deus! Estou respirando o Hálito da Vida dentro da esfera áurica do Nazareno Mestre! É magnífica a obra de Deus!

Graças a Deus!
Amém!

***

> Por ser o Evangelho cristão o mais elevado código moral para o homem-espécie religar-se conscientemente a Deus, só conseguem vivenciá-lo com mais amplitude os espíritos mais qualificados... Aqueles que já abdicaram do poder e do domínio... Que já venceram as suas guerras íntimas e com isso adquiriram a mansuetude, a paz interior e despertaram do seu âmago a fraternidade, a solidariedade e a compreensão para com as fraquezas alheias.[8]

[8] Extraído do livro *O evangelho e a lei de Deus.*

Capítulo 2
Amar a Deus sobre todas as coisas

Pergunta 4: - De que maneira, nós criaturas finitas, manifestaremos o nosso amor por Deus em Sua condição infinita, amando-O sobre todas as coisas, se ninguém consegue amar o desconhecido?

Resposta: – Uma vez que a evolução não tem ponto final, para obtermos melhor sucesso no ato sagrado de amarmos a Deus sobre todas as coisas, é mais pedagógico demonstrarmos o nosso amor, de maneira progressiva e eterna, às partes de Sua Criação. Consideremos também que, se pretendermos vislumbrá-Lo pelas vias da razão, reduziremos o Infinito à nossa condição de seres finitos. E, mais ainda, tenhamos sempre em mente que, onde há vida, existe Deus e onde há Deus, existe vida, pois não existe vida sem Deus nem Deus sem vida. É possível deduzirmos o quanto é complexo amarmos a Deus sobre todas as coisas.

Embora tenhamos sido criados em essência à imagem e semelhança de Deus, quando usarmos tão somente a razão como instrumento de pesquisa quanto à transcendência, não conseguiremos atingir a frequência que identifica os planos energéticos além da forma material. Por conseguinte, tenhamos em mente que, mesmo estando no plano relativo em que nos encontramos, o mais abrangente instrumento de pesquisa para, paulatinamente, identificarmos o Absoluto, será sempre através da intuição. E, quando estivermos graduados à intuição pura, sentiremos Deus de maneira mais ampla pulsando em nossos corações, mas nunca a Sua Totalidade. Tenhamos também em mente que o 'milagre' da vida saudável é amar a Deus sobre todas as coisas, para que, assim, adquiramos condições para amarmos o próximo como a nós mesmos. Esse é o processo único para quem almeja se tornar um ser integral.

Pergunta 5: - Uma vez que, devido à pouca evolução moral, encontramos dificuldades para identificar Deus em nosso íntimo, de que maneira concebermos o Criador intrínseco à Criação?

Resposta: – Cada ser humano, na condição de parte não apartada de Deus, encontra-se intrínseco à Criação do Supremo Criador. Consequentemente, por sermos portadores de Seus divinos atributos, com o progressivo dilatar de nossa consciência, intuitivamente, identificaremos Deus em todos os seres vivos, sem querer personificá-Lo, porque já concebemos que não há vida sem Deus.

Observemos que é processo natural a criatura humana, gradualmente, aumentar a sua capacidade de amar a criação do micro ao macrocosmo, tendo sempre em mente que, na escala infinita da evolução, a mônada graduada ao reino hominal e, consequentemente, portadora de livre-arbítrio e rudimentar consciência, atende ao deotropismo com maior facilidade, o que lhe faculta exteriorizar amor pelo Criador amando as Suas criaturas. De onde se conclui, seguindo a moral cristã, que é *amar a Deus sobre todas as coisas* torna-se visível e audível quando fazemos uso da ética cristã que é *amar ao próximo como a si mesmo*. Assim, dilatemos o nosso amor, para melhor amarmos as criaturas.

Em Aquário, Era do Mentalismo, o espírito humano terreno, consciente de que *não existe ética superior à vida*, segundo Pietro Ubaldi, gradualmente passará a se amar, o que lhe facultará identificar com mais amplitude a fagulha de Deus existente em si e em todos os seres vivos. Com isso, passará a ouvir as vozes dos Céus lhe conclamando a adquirir a misericórdia do ver, ouvir e falar. Munido de tal virtude, tornar-se-á médium das potestades celestes atuando no plano terrestre.

Pergunta 6: - Na condição de espíritos em evolução, como sabermos se já estamos amando a Deus sobre todas as coisas?

Resposta: – As avaliações externas realizadas pelos nossos semelhantes, necessariamente, não identificarão a nossa realidade interna. Daí, a maneira mais segura é fazermos uma autoavaliação sem subterfúgio, camuflagem nem mimetismo, pois podemos enganar à humanidade inteira, mas não à nossa consciência nem às leis do Supremo Legislador — Deus.

Uma vez que o universo criado é dinâmico e obedece ao eterno transformismo, ao eterno vir a ser, é oportuno ressaltar que as virtudes adquiridas, ou seja, já despertadas de nosso íntimo por nós, são eternas e progressivas, enquanto as nossas sombras são todas temporárias, pois, conforme disse o nosso Sublime Pedagogo, Jesus de Nazaré: "Sois luzes".

Caracterizemos um indivíduo mais pleno de Deus:

- Ele se dedica, silenciosamente, a unir os homens aos homens e a unir o homem a Deus...
- Serve de ponte entre a Terra e os Céus àqueles de menor patrimônio moral, sem alarde, pois se coloca, humildemente, entre os seus semelhantes para ajudá-los desinteressadamente, seguindo os preceitos evangélicos ensinados pelo Nazareno Mestre — a maior autoridade moral que, na condição humana, pisou na Terra...
- A evolução moral de tal indivíduo, por ser de nível mais elevado, não disputará lideranças nem terá atitudes que exaltem a sua individualidade, mas se colocará como guia amoroso, bem-humorado e simpático, para, sob as emanações da misericórdia, amparar aqueles mais carentes de Deus...
- Por estar graduado à religiosidade, evidentemente dentro de seus limites, não lutará para impor as suas ideias, razão pela qual *não perderá a ternura para dizer a sua verdade*, segundo Pietro Ubaldi. É criatura naturalmente portadora da simpatia, a qual gera empatia com ondas mentais advindas amorosamente de seus semelhantes...
- Por ter como foco primordial alcançar os planos celestes sem recusar as benfazejas emoções humanas do plano terrestre, sua mente não eclipsa a sua centelha divina, o que lhe garante, mesmo vivendo nos campos de batalhas dos egos de seus semelhantes, não perder o equilíbrio de seu eu crístico...
- Tal indivíduo, por ser portador da misericórdia do ouvir é, naturalmente, mais resistente às agressões humanas verbalizadas pelos desprovidos da eterna fé. A verdade é que ele não se

detém nas temporárias questiúnculas que emocionam negativa e agressivamente aqueles que ainda não aspiram a conquistar as dimensões luminosas...

- Sabe-se que **fora do amor não há salvação**. Por isso, amemo-nos e aos nossos semelhantes, induzindo-os a idealizarem objetivos nobres enquanto estiverem no plano dos encarnados.

Uma excelente fonte que fornece elementos substanciais aos pesquisadores da conduta alheia é a observação do tom da voz das criaturas. Assim, para termos segurança em nossas avaliações, atentemos para as magníficas obras realizadas pelo Nazareno Mestre quando se utilizando tão somente de Sua firme, porém dúlcida e misericordiosa voz.

***

Você, leitor!

Ao ler este livro, de preferência em voz alta, pronuncie as palavras com a clareza da convicção, com o magnetismo de um porta-voz do Cristo, para que ela transporte a essência da vida — o amor — e possa auxiliar na manutenção ou na recomposição da saúde de seus ouvintes encarnados e desencarnados, a exemplo do que fizera o Nazareno Mestre, que, utilizando-Se apenas de Sua misericordiosa voz, ao falar, transportava a bioenergia vivificadora e, assim, curou almas e corpos de seus semelhantes...

Ore com segurança e entusiasmo e fale com Deus. Não economize a sua capacidade de devanear, viajando pelo universo de Deus. Tenha certeza de que você praticará a medicina preventiva a seu favor e daqueles que fizerem parte de sua plateia de ouvintes. Assim, procuremos sacralizar a nossa voz, para que tenhamos o universo conspirando positivamente a nosso favor.

Vamos orar!

Vamos conversar com Deus!

Vamos solicitar o Seu sagrado amparo!

Deus!

Mente suprema!

Artífice da vida!

Causa sem causa!
Absoluto incriado criador!
Vida da minha vida!
Luz dos meus olhos!
Som da minha voz!
Ar da minha respiração!
Auxilia-me, Senhor,
A elevar-me à frequência da vida cósmica,
Para que eu compreenda os objetivos sagrados da vida,
E transforme as minhas potencialidades em ações criadoras.
Pai!
Ajuda-me a despertar o meu Cristo interno,
A minha parte não apartada de Ti...
A aumentar a minha capacidade de amar,
E de agradecer ao Criador do Amor!
Deus!
Estou na Terra, em um reduto do Teu infinito universo,
Exercitando harmonizar-me com as leis da vida,
Para vislumbrar a beleza policrômica da Tua Criação,
A qual, intuitivamente, sei que existe,
Pois És a perfeição absoluta!
Senhor!
O momento histórico do planeta Terra clama por mudanças,
Razão pela qual estamos empenhados na divulgação dos
Adventos Crísticos,
E, neste sagrado instante,
Apresentando à sociedade um luminoso roteiro
Para os novos rumos do Cristianismo!
Ajuda-nos, Pai de Infinito Amor, nessa sacrossanta tarefa!
Abençoa, Senhor, por misericórdia,
A todos nós, espíritos terráqueos,
Pois temos a sagrada incumbência
De divulgar o Cristianismo Renovado!
Ampara-nos, Senhor, a fim de que,
Impulsionados pelos sentimentos emotivos do afeto fraterno,
Consigamos decorar a mente humana com a policromia divina,
E a fascinante beleza do poema cósmico declamado por
Jesus — o Evangelho.[9]

[9] Extraído do livro *Retorno consciente para Deus.*

Graças a Deus!
Amém!

***

O homem que vivencia o Evangelho integra-se naturalmente ao metabolismo da Lei Suprema do Criador, o que lhe permite, por mérito, ter o universo conspirando positivamente a seu favor. É lei natural e universal.[10]

[10] Extraído do livro *O evangelho e a lei de Deus.*

Capítulo 3
Vislumbrar o universo estelar

Pergunta 7: - Uma vez que "na natureza, nada se cria, nada se perde, tudo se transforma", segundo Lavoisier[11], ao invés de amarmos a Criação, não seria melhor amarmos o próprio Criador, já que tudo que existe poderá deixar de existir por causa do eterno transformismo e Ele, por ser eterno, permanecerá?

Resposta: – Em sendo a primeira lei da vida amar a Deus sobre todas as coisas, esforcemo-nos para despertar o nosso Deus imanente, o que nos proporcionará amarmos ao Deus transcendente na mesma proporção que O descobrirmos em nosso mundo íntimo. No entanto, para avaliarmos o amor que já temos pelo Deus-Criador Invisível, é necessário demonstrarmos em plena luz do dia o amor que temos pelos visíveis deuses-criaturas, uma vez que, à medida que dilatamos o nosso amor pelas partes da Criação, significa dizer o quanto já estamos amando progressivamente o Todo-Criador. É lei única e universal: "amar a Deus sobre todas as coisas", para, na mesma proporção, "amar ao próximo como a si mesmo", cabendo a cada um avaliar o seu autoamor.

Nós, alunos de uma escola primária, não temos ainda evolução espiritual para manifestarmos amor de abrangência universal ao Criador nem às criaturas. Assim, pela nossa capacidade de amar as partes visíveis da Criação, sinalizaremos para o universo o quanto já amamos o Criador. E, assim, ampliaremos a nossa percepção transcendente e nos integraremos paulatina-

[11] Antoine-Laurent de Lavoisier (1743-1794) foi um nobre e químico francês fundamental para a revolução química no século XVIII, além de ter grande influência na história da biologia. Ele é considerado na literatura popular como o "pai da química moderna".

mente à pulsação do todo cósmico. Tenhamos sempre em mente que o amor é a essência e o essencial para manter a nossa vitalidade psicossomática, pois, ***quanto mais se ama, mais se revitaliza***. Dilatemos a nossa capacidade de amar e seremos plenos.

Somos conscientes de que fazemos parte da Criação e, no entanto, por falta de amor ao Deus-Criador, ainda matamos os deuses-criaturas, nossos semelhantes. Fica claro que, enquanto não manifestarmos, verdadeiramente, amor pelo nosso Criador, continuaremos ceifando as vidas de nossos irmãos, pois filhos do mesmo Pai, devido à nossa ignorância quanto à legislação divina.

***

Para nossa reflexão:

• Enquanto não inserirmos em nossa vivência a mensagem evangélica do Nazareno Mestre, a ponto de, através de simples contato áurico, auxiliarmos os seres humanos de nossa convivência a despertarem a capacidade de amar de maneira mais ampla e incondicional, não nos atribuamos virtudes que ainda não fazem parte de nosso patrimônio moral...

• A essência do Evangelho do Cristo trazida à Terra pelo Nazareno Mestre, por ser a síntese das Leis de Deus, açambarca o conhecimento universal, o qual, gradualmente, adquiriremos através das sucessivas reencarnações. Em sendo os Adventos Crísticos uma proposta para renovar o Cristianismo, facilmente poderemos conceber o porquê de o convite adventista se propor a divulgar a verdadeira palavra proferida por Jesus, a qual se encontra registrada no arquivo akásico da Terra em ***A arca do desconhecido*** e, também, no Vaticano, conforme temos anunciado nas últimas três décadas...

• Jesus, na condição sagrada de médium do Cristo, através de Sua palavra misericordiosa, aguçava o Cristo interno de Seus ouvintes, e eles, quando portadores de alguma doença biológica ou espiritual, se autorrestabeleciam. Cabe-nos, na condição de Cristos-criaturas, acionarmos a nossa força interior para intermediarmos a vontade do Cristo-Pai e as necessidades de nossos semelhantes. Por essa razão, nomeamos Jesus nosso guia e guia de nossos guias. E, assim, continuemos empenhados em nossa evangelização, para nos tornarmos meritoriamente médiuns do Nazareno Mestre, divulgando o Cristianismo Renovado de viva-voz.

***

Ao analisarmos o título do capítulo — *Vislumbrar o universo estelar* — concluímos, sem delongas, que um dos objetivos sagrados deste livro é dilatar a nossa visão, a ponto de torná-la cósmica, refletindo sobre a sacralidade da vida existencial, a fim de trazermos ao nosso consciente os divinos atributos de Deus de que somos portadores em latência, para que, paulatinamente, nos tornemos convictos de que somos portadores de Sua Essência. Com tal atitude e mentalmente vislumbrando o universo estelar, estaremos motivados para as nossas aquisições morais, pois mediunicamente insuflados pelos benfeitores espirituais...

Na sacrossanta condição de praticantes da mediunidade com Jesus, acionaremos a centelha do Cristo de que somos portadores, para termos condição de nos colocarmos como voluntários cósmicos a serviço do Autor da Vida, intermediando a vontade dos guias espirituais da humanidade, visando a que eles possam prover as nossas necessidades e as dos nossos semelhantes na condição de carentes de Deus que somos.

Para atendermos à atual fase que a sociedade terrena está adentrando sob a vibração de Aquário, com a mediunidade psíquica própria da Era do Mentalismo, vamos precisar de um crístico polimento, para desfazer os nossos seculares ou milenares condicionamentos mentais herdados das religiões sem religiosidade. Para tal, os espíritos integrantes das Sagradas Fileiras anunciaram que podemos contar com a ajuda de Anatole, Amon e Kyan, três líderes espirituais de altíssimo nível de consciência, os quais coordenam as esquipes que estão dando cobertura à humanidade, visando ao desenvolvimento de nossas crísticas aptidões mediúnicas. Para facilitar a nossa conexão com espíritos dessa hierarquia, vislumbremos o universo estelar para sairmos das rotinas mentais.

Em nome das Sagradas Fileiras, Shiva, através de Therezinha Teixeira Pereira de Carvalho, escreveu:

> Recém-admitidos no reduto do Zenith[12], Anatole, Amon e Kyan terão incumbência espinhosa junto aos terrenos. Quando digo espinhosa, quero dizer difícil, pois nas condições rarefeitas do espaço em que se encontram, extremamente doloroso será o descenso.

***

É de suma importância acionarmos o nosso deus interior a fim de criarmos uma magnífica esfera áurica, para que estejamos em condições de recepcionarmos 'ondas mentais' provindas de espíritos das elevadas hierarquias. Ao senti-los mediunicamente, você, leitor, anuncie com firmeza o seu sagrado colóquio com esses espíritos especiais sem temor, em sua sagrada condição de porta-voz dos Céus.

Quando o propósito é nobre, o universo conspira positivamente a nosso favor. Assim, sinta-se um porta-voz das potestades celestiais e, com naturalidade e segurança, deixe o seu coração falar, intermediando a vontade suprema e as necessidades de nossos semelhantes.

Consideremos normal a conduta dos críticos que ainda não concebem a onipresença de Deus, pois eles apenas fazem parte das religiões, mas ainda não têm religiosidade. Continuemos exercitando a misericórdia do ver, ouvir e falar, convivendo com os desprovidos da eterna fé.

Pergunta 8: - A ciência vem, através dos séculos e milênios, tentando descobrir em que momento começou o Big Bang, a grande explosão que deu origem ao universo. O Cristianismo Renovado vai esclarecer à sociedade quanto a esse enigmático item, para que, conhecendo melhor o nosso Criador, amemos a Sua Criação com mais amplitude?

Resposta: – Por mais que os cientistas dilatem a percepção mental e aperfeiçoem seus cálculos matemáticos, como também seus telescópios; mesmo conhecendo magnífica parte da encantadora mecânica celeste, da astronomia e da astrologia, as suas pesquisas ficarão restritas, principalmente, às observações

[12] Zênite, em astronomia, é o termo técnico (também usado em trigonometria) que designa o ponto (imaginário) interceptado por um eixo vertical. Fonte: Dicionário da língua portuguesa. No texto, tem o sentido de notificar que se trata de plano evolutivo elevado. (N. A.)

do universo atual. Por mais que queiramos recuar no tempo, não chegaremos à origem de quando o universo material surgiu, principalmente porque o tempo de criação (diástole) e desintegração natural (sístole) do universo astronômico, também conhecido por Manvantara para o Oriente e Grande Plano para o Ocidente, dura apenas 4.320.000.000 (quatro bilhões, trezentos e vinte milhões de anos terrenos). Logicamente, a "matéria e a energia" existentes atualmente no universo, que poderão ser utilizadas para as pesquisas dos cientistas, já sofreram milhões de transformações no vaivém de energia em matéria e de matéria em energia. Assim, os pesquisadores não identificarão a origem da criação por falta de referencial, uma vez que o universo criado obedece ao eterno vir a ser. Certo é que, enquanto continuarmos concebendo o Criador apartado da Criação, continuaremos divagando quanto à origem do universo[13].

Por ser Deus a Causa sem Causa, em nenhuma situação encontraremos o momento em que Ele deu início à criação do universo, uma vez que o universo criado obedece ao eterno transformismo.

Observemos o que consta em *A Grande Síntese*, de Pietro Ubaldi (capítulo XIII):

> A matéria pode ser definida como uma forma de energia, isto é, um modo de ser da substância que nasce da energia por condensação ou concentração e retorna à energia por desagregação, depois de percorrida uma série evolutiva de formas, sempre mais complexas e diferenciadas que reencontram a unidade em reagrupamentos coletivos.

É uma constante universal a desintegração radioativa natural em todo o universo atômico e astronômico. O exemplo mais notório que nós, terráqueos, temos é a desintegração visível do Sol de nosso sistema e que ocorre do núcleo para a periferia, justificando, cientificamente, o porquê de todos os corpos celestes se tornarem ocos em função da idade.

É de bom senso esclarecer que a desintegração atômica natural ocorre do núcleo para a periferia do corpo porque, na for-

[13] Por maior que seja a nossa vaidade ou a nossa soberba, não queiramos estabelecer uma data de aniversário para o nascimento do universo, considerando que a Criação é o "Corpo de Deus" em eterna transformação. Senão, daqui a pouco vamos querer saber a idade de Deus. (N.A.)

mação da nebulosa para a formação de um corpo celeste, o seu núcleo é mais "velho" do que a sua periferia, o que lhe acarreta tornar-se radioativo antes das camadas periféricas.

Pergunta 9: - Por que nem todas as criaturas humanas reencarnando neste orbe há milênios se emocionam com as belezas naturais geradas na Terra, e pesquisam sobre a vida no universo de Deus, quando ainda conhecemos tão pouco sobre o nosso mundo?

Resposta: – Embora tais eventos sejam aguçadores de nossos sentidos físicos e espirituais, e que, graças a Deus, fazem parte das aspirações humanas, principalmente enquanto estivermos na fase das descobertas físicas, certo é que, com a evolução espiritual, esses mesmos espíritos passarão a se dedicar às pesquisas metafísicas.

O ilustre Pietro Ubaldi afirma que a Terra se encontra mais ou menos na metade de seu tempo desde que foi criada. Assim, uma vez que o universo criado dura apenas 4.320.000.000 de anos terrenos, temos uma pálida noção quanto ao tempo que a Terra foi criada e quanto tempo ela ainda terá de vida útil. Mas a Terra é apenas uma partícula flutuando no universo, e os corpos celestes não são criados todos de uma só vez.

Atualmente, com o nosso orbe sob as aguçadoras vibrações de Aquário, ocasião em que o espírito terreno é oportunizado a desenvolver a sua força mental para compreender melhor a Criação e o Seu Criador, a despertar as suas potencialidades divinas, é também momento sagrado para, intuitivamente, concluirmos que amar é a suprema ciência da vida, seguindo o nosso modelo e guia Jesus de Nazaré, que revolucionou o mundo usando apenas a voz que vinha de Seu sagrado coração, deixando para a humanidade de todas as épocas que *a boca fala o que sente do coração.*

***

Para nossa reflexão:

• Ao nosso muito Amado Mestre Jesus de Nazaré, harmonizado com as leis do Criador, bastava dar a ordem e a natureza Lhe obedecia, porque, na verdade, Ele e o Cristo criador da

Terra eram como se fossem um só, pois formavam uma "Unidade"...

O nosso Sublime Anjo, na verdade, vivia permanentemente conectado, por ressonância, ao Cristo. Por isso, Ele pôde dizer: "Quem vê a mim, vê o Pai", ou seja, vê o Cristo Terráqueo; "Eu e o Pai somos um", mas "o Pai [o Cristo] é maior do que eu"...

• Em sendo Jesus de Nazaré o nosso guia e modelo, devemos nos esforçar no sentido de conduzir a nossa vida com transparência, para nos sentirmos, em ações e reações, por afinidade de propósitos, unos com Ele, o Anjo de nossas aspirações crísticas.

***

Uma vez que o momento solicita de todos a reflexão, visando à autorreforma, não nos detenhamos nas tristes vozes que do nosso subconsciente ou do inconsciente profundo possam chegar ao nosso consciente. Por mais longínquo que seja o nosso passado de trevas e luzes, o eterno futuro luminoso aguarda a todos.

Vamos conduzir a nossa vida exercitando sempre a superconsciência, tendo como alavancas propulsoras a bondade e o amor, cuja ressonância obedece à lei de ascensão moral.

Fortalecidos pela assimilação dos princípios ético-morais contidos no Evangelho do Nazareno Mestre, enfrentemo-nos com placidez, vendo-nos exatamente como somos temporariamente e, com coragem e discernimento, trabalhemos para a aquisição de novos valores, pois a Lei de Deus não permite a ascensão espiritual daquele que, por covardia, não se enfrenta. Aceitemos o nosso *lobo* e, mesmo ouvindo as vozes lupinas das zonas sombrias sepultadas em nosso inconsciente, não permaneçamos nesses labirintos por muito tempo; antes, fixemo-nos na superconsciência, onde explodem clarões de luzes policromáticas, cujas vozes têm timbre de pureza e de louvor a Deus e nos projetam rumo à eternidade. Exercitemos a nossa superconsciência, nos projetando para o eternamente novo.

Por ser impossível existir uma única verdade igual para todos, cada qual, na trajetória da vida, ao se deparar com a sua própria realidade, ou seja, com o seu *lobo* ou com o seu *cordeiro*, com a sua luz ou com a sua treva, não busque justificativa acusando o seu semelhante por seu estado d'alma, pois ninguém é responsável por nossos erros ou nossos acertos. Somos livres como causa, embora não o sejamos como efeito, pois ele fica por conta da Lei do Criador.[14]

***

Voltemos com mais lucidez à Galileia, para trazer de lá as paisagens marcadas em nossas almas com ferro rubro, que resistem ao tempo e nos acompanharão na eternidade.

Oremos ao Cristo, Senhor Nosso e Irmão Maior:

> Permita-me, ó Cristo-Deus, que eu possa ouvir na voz de todas as vozes, nos sons de todos os sons, mesmo onde tudo é silêncio, o Seu cântico de amor, bondade e fé!...
> Que eu possa ver a Sua luz, que é vida, diluir-se para dar origem a outras vidas, no pulsar eterno da eterna vida!...
> Que a minha boca sirva para expressar o Verbo, para enaltecer, para estimular, para esclarecer, para libertar, para refazer as forças dos decaídos!...
> E que, assim, ao mergulhar em mim mesmo nesse retrospecto, em contato consciente com o meu Eu Crístico, harmonizado com a divindade em mim, possa ir substituindo a vibração lupina que em mim existe pela vibração crística que em mim é.
>
> Graças a Deus!
> Amém!

Permaneçamos atentos ao propósito destes apontamentos, o qual é, sobretudo, auxiliar-nos no despertar consciente de nosso Cristo interno — a centelha de Deus de que somos portadores.

***

[14] Extraído do livro *O evangelho e a lei de Deus.*

Por ser o homem parte inseparável do Todo — Deus —, aquele que pretende entrar mais rapidamente na correnteza da vida universal deve inserir o Evangelho em suas atividades cotidianas o quanto antes, a fim de melhor interpretar o sentido sagrado da vida e irmanar-se amorosamente com todas as criaturas de Deus.[15]

[15] Extraído do livro *O evangelho e a lei de Deus.*

Capítulo 4
A necessidade de Deus

Pergunta 10: - O que leva o ser humano a sentir necessidade de Deus?

Resposta: – Por ser o deus-criatura portador da essência do Deus-Criador, ele possui intrínseco à sua alma um elemento divino eternamente ativo, que, além de lhe manter a vida, o impulsiona à sua divina origem. Assim é que, desde a sua condição de mônada pertencendo ao reino mineral, por ser constante universal, ele naturalmente evolui atendendo ao deotropismo, uma vez que a mônada, na condição de efeito, retorna inconsciente ou conscientemente à sua causa — Deus.

Por evolução, a mônada, ao atingir o reino hominal, adquire livre-arbítrio, o que lhe faculta o direito de fazer as suas escolhas, vivendo e convivendo com a Lei de Causa e Efeito. No entanto, mesmo graduada ao reino hominal, embora portadora de relativo livre-arbítrio e rudimentar grau de consciência, não possui meios, em função da Lei da Impermanência, para optar por sua estagnação eterna.

O espírito humano, quando não se motiva para a aquisição de conhecimentos eternamente novos e libertadores, tem ações e reações malfadadas em função da ignorância quanto à legislação divina, surgindo-lhe a dor e o consequente sofrimento, razão pela qual ele sente em seu íntimo a impulsionadora necessidade de Deus.

A criatura, devido à sua desarmonia íntima, causada, principalmente, pelas dores, de alguma maneira busca no Criador e em seu próprio íntimo energia-força para superar o momento da dificuldade. É o deus-criatura procurando encontrar lenitivo no Deus-Criador e, naturalmente, com tal atitude, despertar, como consequência, o seu Cristo interno, a centelha de Deus em si. É o magnífico trabalho da dor nos auxiliando a trazermos ao consciente os atributos de Deus de que somos portadores.

***

Reflitamos quanto aos mecanismos das Leis de Deus:

- A mônada, ao se graduar ao reino hominal, torna-se responsável por suas ações. Consequentemente, colherá os frutos de sua semeadura, sejam eles adocicados ou amargos. Caso ela opte pela estagnação eterna em termos evolutivos não obterá sucesso, pois, por maior que seja o seu esforço, a Lei da Impermanência não lhe permitirá, pois, a vontade da criatura não se sobrepõe eternamente à Vontade do Criador, que é intrínseca às Suas leis...
- Em sendo o movimento uma constante do universo dinâmico, o espírito, por ser portador dos divinos atributos de Deus em seu âmago obedece, mesmo que inconscientemente, ao empuxo divino causado por Deus...
- Todas as fagulhas de vidas, por serem criadas por Deus, possuem, no íntimo, uma força-energia para naturalmente expandirem. E, quando por evolução já possuem razão para discernir, com o toque benfazejo, principalmente da irradiação solar, entregam-se de maneira mais natural, consciente ou inconscientemente, ao empuxo divino causado pelo astro-rei. É o divino heliotropismo em ação, pois somos luzes, conforme disse o nosso Mestre Jesus. Nós somos, naturalmente, atraídos pela luz de qualquer procedência, pois somos 'luminescentes' em potencial.

Pergunta 11: - Uma vez que nós, seres humanos, temos consciência de que somos portadores dos divinos atributos de Deus, por que precisamos da dor para despertá-los de nosso universo íntimo?

Resposta: – A ostra, que vive no fundo do mar, ao ser ferida, amparada pelo espírito-grupo de sua espécie, encontra recursos para que seja formada pela natureza a pérola preciosa em seu interior. Da mesma forma, a mônada humana, em nível mais elevado na escala da evolução, pois portador de livre-arbítrio e capacidade para identificar Deus na Criação, diante de sua temporária dor descobre, por esforço próprio, que também é portadora da fagulha de Deus, o que a motiva a mergulhar em seu próprio oceano de luzes divinas para descobrir em seu íntimo que é portadora da onisciência, da onipresença e da onipotência de Deus... Descobrir que também é portadora da mais sagrada pérola preciosa — a vida eterna. Assim, abre suas asas e, na sagrada condição de espírito eterno e imortal, projeta-se rumo ao infinito, mergulhada em um oceano de luzes, cores e perfumes espalhados pelo espaço sideral... Ela sente brotar-lhe do íntimo uma vontade indômita de singrar os espaços siderais à procura de Deus e, quando O encontra, percebe que Ele sempre esteve em seu universo íntimo, pois sem Deus não há vida.

***

Para compreendermos melhor quanto à sacralidade da dor, e assim dilatarmos um pouco mais a nossa percepção extrassensorial, vamos refletir:

• Em sendo a criação-efeito, desde a sua condição monádica, portadora dos atributos de Deus, os seres vivos de todos os reinos se sentem, em seu íntimo, por processo natural, impulsionados a retornarem ao seu Criador-Causa. Quando na condição humana se trata de espírito um pouco mais evoluído, o retorno para Deus é consciente, caracterizando que ele não tem dúvida de que é um ***filho pródigo***...

• As fagulhas de Deus-Vida intrínsecas à Criação obedecem, naturalmente, à força causada pelo empuxo divino, justificando a razão de todas as mônadas, pertencentes a todos os reinos, retornarem ao Criador. Nos reinos mineral, vegetal e animal irracional, as mônadas, embora inconscientemente, atendem ao sutil deotropismo, pois é constante universal todo efeito retornar à sua causa. Tal evento, na Criação, exige de todas as centelhas divinas criadas, evidentemente por Deus, mesmo as dos reinos menores, certo esforço para vencer as intempéries e manter a vida nos planos da Criação...

• A mônada, ao atingir a evolução hominal, consequentemente portadora de livre-arbítrio e rudimentar consciência, além do empuxo causado pelo deotropismo, mesmo que, a princípio de maneira inconsciente, procura fazer chegar ao consciente os atributos de Deus existentes em latência em seu universo íntimo, obedecendo à lei do eterno transformismo, do eterno vir a ser. Observemos, assim, o quanto a obra de Deus é magnífica!

Conclui-se, assim, que não é a dor que isoladamente nos auxilia a despertar de nosso universo íntimo, com maior amplidão, a centelha de Deus que somos, considerando que a dor, sem a compreensão, pode nos levar à estagnação temporária, caso nos revoltemos por não a compreendermos e, assim, perdermos excelentes oportunidades para adquirirmos novos valores libertadores.

*Pergunta 12: - **É constante universal todos os espíritos humanos sentirem necessidade de Deus?***

Resposta: – Evidentemente que sim, pois, em sendo Deus-Essência a causa universal da Criação, todos nós, na condição de efeitos que somos, sentimos, intuitivamente, necessidade de retornarmos ao Criador. No entanto, enquanto a evolução do espírito for pequena, isso quer dizer, inexperiente de Deus, ele ainda não tem conteúdo moral para sentir "saudade de Deus". Daí a sua vida ser inexpressiva, considerando que, nesse estágio evolutivo, instintivamente, ele dá vazão com mais vigor à procriação e à alimentação do corpo biológico, pois, conscientemente, os Céus ainda não o atraem. Na sequência de suas reencarnações, ele vai despertando a essência do Criador existente em si e tornando-se, gradualmente, mais consciente de seu Deus imanente e do Deus transcendente.

Façamos uma autoavaliação quanto à necessidade que temos de Deus, interrogando-nos, cada qual de *per si*:

- Uma vez que sou parte não apartada de Deus, diante da dor ou de algum sofrimento, quais os primeiros passos que devo dar, para buscar um alento na Fonte Eterna da Vida, já que sou portador dos divinos atributos do meu Criador?...
- Sabedor que sou de que todo efeito teve a sua causa, por que eu me revolto diante da dor ou do sofrimento, se já tenho

evolução para compreender que na obra de Deus não há acaso e sei que ninguém sofre por procuração?...

• Em sendo Deus a perfeição absoluta, e eu portador de Sua onipotência, por que não recorro ao meu Deus latente para superar a transitória dificuldade, já que sou eterno e imortal?

É possível concluir que ninguém se torna grande, equilibrado e curado de suas fraquezas morais com o esforço de outrem. Assim, para que haja a cura definitiva de nosso corpo, é indispensável que haja, antes, a cura de nossa alma, pois é da Lei de Deus que o nosso refazimento definitivo é por esforço próprio e intransferível.

Vamos fazer exercícios de autoajuda, de autodescobrimento, os quais nos facultam despertar o nosso Deus interior.

Para tal, você, leitor, imagine-se em um ambiente transcendente... Ambiente com policromia arquiangélica, o mais belo de sua imaginação... Ambiente em que as cores expressem vida... Ambiente povoado pelos engenheiros siderais criadores do universo estelar... Ambiente em que a música do som e o som da música transportem a Voz de Deus... Simultaneamente, ouça e sinta a Voz de Deus acendendo com mais luminosidade a sua chama crística através de sua glândula pineal... Permita-se ser metamorfoseado em luzes de procedência divina.

Crie, mentalmente, e transporte-se para o Templo Terapêutico da Esperança, da motivação íntima e perceba, despertando com suavidade e clareza, suas potencialidades latentes.

Afirme e confirme em tom de voz de um porta-voz da divindade. Como tal, diga para você mesmo ouvir:

Vou falar sobre os Haveres dos Céus, a fim de que os meus corpos se tornem luminosos e recomponham as suas energias vitais, aproveitando que eu estou no belíssimo Templo Terapêutico da Esperança.

Para manter a vitalidade do binômio alma-corpo, afirmo e confirmo:

— Eu Sou portador da potente força-energia do amor...
— Eu Sou, em essência, imagem e semelhança de Deus...
— Eu Sou a palavra que constrói...
— Eu Sou a voz do meu Criador...

— Eu Sou a voz de um representante dos Céus...
— Eu Sou porta-voz do Cristo, a Excelsa Consciência Arquiangélica Criadora da Terra...
— Eu Sou ponte entre o Supremo Criador e as criaturas.

Graças ao Criador, a Fonte Eterna da Vida!
Graças ao Cristo, a Fonte Eterna do Amor![16]
Amém!

***

Já é possível deduzir que, com a leitura-estudo deste livro, nós nos tornaremos mais conscientes de nosso papel diante do momento apocalíptico que estamos atravessando. Certamente, não estaremos de braços cruzados, comodamente sentados, olhando para lugar algum, aguardando a chegada do Apocalipse.

Uma vez que, ***no vislumbre da luz iluminados somos***, as autoimantações constantes neste livro visam a despertar os atributos divinos de que somos portadores, pois, de que adiantará ficarmos deprimidos ou em estado de pânico diante dos fenômenos naturais?

O momento solicita que nos fortaleçamos com a aquisição de conhecimentos libertadores, aqueles que acionam a nossa superconsciência e nos projetam para outras dimensões, onde se contempla o eternamente novo e se vislumbra o eterno vir a ser.

É esperado de todos nós que, à medida que formos refletindo quanto às anotações contidas neste livro, que as nossas almas, convictas da eternidade, produzam efeitos especiais no quimismo de nosso organismo, a ponto de sentirmos o perfume dos planos edênicos e ficarmos com as nossas auras com a alvura do imaculado lírio. Consequentemente, não seremos fisicamente alcançados pelo Apocalipse... Não estaremos em ressonância com as hecatombes do *fim dos tempos*, mas preparados para, após a tempestade, saborearmos a Bonança.

Graças a Deus!
Amém!

***

[16] Extraído do livro *O fim dos tempos e os discos voadores.*

Observa-se que é comportamento comum do candidato à ascensão renunciar à emoção da vida e se atirar no abismo do isolamento, distante de tudo, de todos e, logicamente, de Deus. Isso tudo é fruto de uma interpretação defeituosa ou mesmo do desconhecimento das leis divinas, posto que Ele quer ver os Seus filhos exercitando o ***religare*** com alegria, em júbilo, em êxtase, impulsionados intimamente à busca da compreensão.[17]

[17] Extraído do livro *O evangelho e a lei de Deus*.

Capítulo 5
Amar a vida no plano da existência

Pergunta 13: - De que maneira podemos avaliar o estado de equilíbrio ou desequilíbrio que o espírito, quando apegado aos tesouros do mundo, chega ao além, após o seu desencarne? Será que ele, ao se deparar no plano da essência, continuará amando à vida e o Autor da vida, ou se revoltará, tombado pela culpa por não ter compreendido a sacralidade da vida sem apegos durante a breve existência?

Resposta: – É do conhecimento de todos que não podemos padronizar as reações dos espíritos quando eles chegam ao outro lado da vida, considerando os diferentes níveis evolutivos dos humanos terrenos. Certo é que, caso ele seja apegado aos bens materiais de qualquer natureza, na erraticidade ele não terá paz, "porque, onde estiver o vosso tesouro, ali estará também o vosso coração". É lei universal.

***

Para nossa reflexão:

• Uma vez que *o ser humano é o que ele pensa*, o fato de mudar de plano em nada mudará a sua conduta, pois apenas lhe faltará o corpo biológico, já que a morte não interrompe a vida do espírito eterno e imortal. Assim, no mundo dos espíritos, ele continuará possuído por "seus" ilusórios tesouros, atendendo às suas criações mentais, porque, conforme sabemos, ficamos vinculados ou presos às nossas criações...

• Justifica-se, assim, o mal-estar que bom percentual dos herdeiros de bens materiais que pertenceram a pessoas dessa natureza passa a sofrer, por causa de fortíssimos assédios negativos dos "mortos". Tais herdeiros desse tipo de espíritos podem não só adoecer como também desencarnar antes do tempo previsto, por sofrerem influências danosas dos espíritos que, mesmo não corporificados, continuam apegados aos tesouros perecíveis...

• Caso alguém queira saber antecipadamente como viverá no plano dos desencarnados, é suficiente se autoavaliar. Avaliar a sua conduta atual, as suas aspirações, as suas inclinações naturais, a sua vida mental etc., para não ser surpreendido quando "acordar" do outro lado da vida. É de suma importância levar para o além a certeza de que *somos juízes de nós mesmos*.

***

Existem seres humanos que, sabiamente, à medida que a idade biológica avança, vão se desvinculando emocionalmente dos tesouros do mundo, visando a desencarnarem sem amarras psicológicas dessa natureza. Tais indivíduos reconhecem que são apenas administradores temporários dos bens materiais. Tenhamos em mente que é extremamente doloroso desencarnar e não sair do lugar, pois presos por elos de aço, criados pela mente, a tesouros transitórios.

Pergunta 14: - Caso o indivíduo, principalmente quando já longevo, um pouco antes de desencarnar, se arrepender da má vida que levou, tal atitude servirá de atenuante às agruras que tem possibilidade de passar no além?

Resposta: – Antes de morrer, quem tiver coragem para, ao reconhecer suas falhas, demonstrar na vivência e anunciar para os seus semelhantes em viva voz e para Deus no silêncio de sua alma, que, verdadeiramente, está arrependido da má vida que levou, tenha certeza de que tal atitude é excelente para, psicologicamente, "aliviar" um pouco o peso de sua culpa, mas não será suficiente para quitar débitos, uma vez que a Lei de Deus exige que se pague, *ceitil por ceitil*, e os velhos avaros não tiveram conduta evangélica, o que os leva a desencarnarem portando um grau de insatisfação muito grande, tendo de deixar seus bens para outros usufruírem. Tais espíritos, em muitos casos, ficam chumbados no mesmo lugar em que viviam, pois, amarrados com fortíssimos elos energéticos criados com a mente por eles mesmos. São espíritos que foram possuídos pelos bens materiais, quando deveriam ser apenas administradores temporários.

***

Para nossa reflexão:

• Ao nos arrependermos, verdadeiramente, de nossas fraquezas, começaremos a dar os primeiros passos rumo ao nosso refazimento, o que nos é altamente promissor, pois, por mais longa que seja a estrada a ser percorrida para os nossos ajustes diante da Legislação Divina, sem os primeiros passos não chegaremos a lugar algum. Aí começa o seu autoperdão com cabeça erguida.

• Se, porventura, na trajetória de nossa vida, tivemos desencontros com algum ser humano, procuremos urgentemente a reconciliação, enquanto estivermos com ele no mesmo plano, conforme consta em Mateus (5:23-6):

> Se estás, portanto, para fazer a tua oferta diante do altar e te lembrares de que teu irmão tem alguma coisa contra ti, deixa lá a tua oferta diante do altar e vai primeiro reconciliar-te com teu irmão; só então vem fazer a tua oferta. Entra em acordo sem demora com o teu adversário, enquanto estás em caminho com ele, para que não suceda que te entregue ao juiz, e o juiz te entregue ao seu ministro e sejas posto em prisão. Em verdade te digo: dali não sairás antes de teres pago o último centavo.

• À medida que, progressivamente, são desfeitas as paisagens envoltas com as energias da culpa, vai aguçando em nós, por processo natural, pois é constante universal, a indômita vontade da ascensão transcendente, surgindo, simultaneamente, em nosso íntimo, uma especial cota de paz.

***

Observemos que a proposta dos Adventos Crísticos vai aguçando os sentidos metafísicos do ser humano com o intuito de ele, progressivamente, sentir lampejos de intuição e se projetar, mentalmente, para as dimensões rarefeitas, considerando que, enquanto estiver usando critérios tão somente racionais, não conseguirá entrar nos planos que transcendem ao concreto.

Ao vislumbrarmos, mesmo através da imaginação, as dimensões além do plano físico, criaremos uma estrutura psicológica para aumentarmos a nossa frequência mental e darmos um salto quântico, quando, então, nos depararemos com outros universos energéticos, mesmo que ainda "materiais".

Pergunta 15: - Uma vez que, de modo geral, as teologias da Terra não esclareceram à sociedade de maneira satisfatória quanto à vida do outro lado da vida, ficamos, naturalmente, temerosos da morte. Com a renovação do Cristianismo, em quais aspectos esse item vai mudar na concepção humana, durante o tempo em que estivermos no plano da existencialidade?

Resposta: – Enquanto fizermos uso tão somente da solidez de nossos sentidos físicos como se de aço fossem, não alcançaremos frequências mentais que identifiquem os fluídicos planos metafísicos de níveis espirituais superiores. Com tal conduta mental, naturalmente nos manteremos em contato, por ressonância, com espíritos de pouca graduação moral.

Mesmo sem informações mais abrangentes sobre a vida nos planos espirituais, podemos deduzir como ficam os espíritos que:

- Praticaram o suicídio a curto ou longo prazo, principalmente devido à má vida psicoemocional. Pessoas que, com desculpas as mais variadas, não buscaram conhecer os ensinamentos libertadores... Não aspiraram a alcançar, por esforço próprio, os planos luminosos...
- Foram viciados, usando não apenas drogas materiais, como também por causa da péssima vida mental, pois alimentaram pensamentos que contrariam os princípios ético-morais cristãos...
- De imediato, não esperemos chegar ao outro lado da vida harmonizados com as Leis de Deus, onde nos depararemos com a nossa inquestionável realidade, pois a vida no mundo dos es-

píritos é a continuação da vida que tínhamos enquanto encarnados. Assim, vamos investir em nossas aquisições morais.

***

Você, leitor, filho do Supremo Criador!

Sinta-se um ser cósmico e se transporte mentalmente para um ambiente de sua imaginação que expresse angelitude... Ambiente em que se ouvem as músicas dos anjos cantadas pelos anjos da música e, ao sentir-se integrado à pulsação cósmica, fale convictamente... Fale com firmeza sem perder a sua ternura... Fale com voz clara e em tom de sacralidade:

Eu, neste arrebatamento íntimo em que me encontro... Em estado de enlevo... Momento de arroubo iluminativo... Atraído pelo divino empuxo causado pelo Nazareno Mestre... Encantado com as indescritíveis melodias a evolarem no purificado ambiente em que me encontro... Extasiado com as luzes de matizes edênicas, ouço a suave e melodiosa voz do Sublime Galileu, que me diz:

— Escutemos o discurso do Supremo Senhor da Vida, na dimensão da paz ativa.

— Observemos que o porta-voz de Deus neste evento — o espírito médium de Deus — é o Arcanjo Uriel, o Anjo da Misericórdia, o Anjo da Paz! É Deus que falará para nós através de Uriel:[18]

Filhos!
Eu Sou o Todo e sou as partes.
Eu Sou o micro e sou o macro.
Eu Sou essência e sou existência.
Eu Sou energia e sou matéria.
Eu Sou o mundo visível e sou o mundo invisível.
Eu Sou o mundo que pegas e sou o mundo que sentes.
Eu Sou a vida do universo em que vives e sou o universo em que a Vida É.
Eu não existo!
Eu Sou!
Eu Sou Deus!

[18] Extraído do livro *A arte de interpretar a vida.*

Por fim, aproveitando a beleza crística que a minha mente criou, vou aproveitar também as ondulações da Voz do Meu Criador para orar ao Cristo Planetário da Terra.

Vou orar assim:[19]

Ajuda-me, Cristo-Pai!

A contribuir na execução do Sacratíssimo Planejamento dos Adventos Crísticos, induzindo os homens à compreensão dos fundamentos da Tua doutrina... A adquirir a consciência dos simples, espelhando-me na conduta do Teu Crístico Filho, o Nazareno Mestre... A pregar a pureza da Tua mensagem com humildade, vivendo na simplicidade que ela propõe — sem dogmas, sem rituais, sem amuletos, com transparência.

Ajuda-me, Cristo-Pai!

A ser um seguidor da Tua Luz, desarmado dos preconceitos para com as Coisas do Eterno, tendo como modelo Jesus, o Arauto Divino... A ter a voz da veemência que desperta os homens para entrarem em estado de graça, de harmonia, de plenitude, de hosanas aos Céus, e se tornarem pastores de almas para o Teu redil... A ser portador da voz misericordiosa que acalanta, que fortalece, que enaltece, que ilumina, que fala de amor... A ser capaz de conquistar almas para o Teu rebanho na Terra, vinculando-as com convicção à Eternidade, ao Teu Reino Eterno, no Plano da Eterna Vida.

Ajuda-me, Cristo-Pai!

A aceitar com dignidade cristã ser torneado pela Tua Lei, que, embora dura, é sempre justa... A vencer os meus próprios óbices que têm raízes na eternidade-luz... A diluir as paredes de pedras que o meu psiquismo criou e que incrustadas estão em minha alma, formando os bloqueios psicológicos que me dificultam vislumbrar a Tua Eterna Luz... A aplacar a minha ira, própria de espírito infantil, neutralizando em mim as más inclinações, a fim de que eu possa conceber a Tua imanência em mim e em todas as criaturas e, harmonizado com a Tua Pura Essência, despertar o sopro divino em meus semelhantes ao refletir a Tua vontade, fazendo uso da voz misericordiosa que deve ter um representante dos Céus.

Ajuda-me, Cristo-Pai, a adquirir a certeza do convicto... A

[19] Extraído do livro *O evangelho e a lei de Deus.*

perceber o calor de Tua presença... A sentir a profusão de luzes que de Ti emana... A usufruir da harmonia do Teu cântico e a paz do Teu Amor.

Por fim, Cristo-Amor! Permite que sejamos bafejados pela Luz do Nazareno Mestre — Essência do Teu Amor — e que, assim, rememoremos o conteúdo de Teu Ditado — o Evangelho — e o repassemos como alimento da alma aos filhos da Terra.

Pai de Infinito Amor!

Que seja feita a Tua vontade!

Graças a Deus!

Amém!

***

> Enquanto o homem só conseguir perceber o mundo pelos sentidos físicos, deixando de lado suas percepções divinas, não se harmonizará com a divindade, pois é da lei de Deus que somente entre semelhantes é possível a comunicação, conforme temos falado. O primeiro passo a ser dado rumo a essa integração é amorizar-se. Da amorização nasce a harmonização com a divindade nele existente. Harmonizado com a divindade em si, o homem pode harmonizar-se com a divindade fora de si e auxiliar na harmonização das atitudes e ações dos seus semelhantes, buscando aproximá-los de seu Criador.[20]

---

[20] Extraído do livro *O evangelho e a lei de Deus.*

Capítulo 6
Amar à vida no plano da essência

Pergunta 16: - Encontramos dificuldades para expressar amor por nossos semelhantes, enquanto estamos juntos no plano da existência, o qual percebemos usando apenas os nossos sentidos físicos. Mais difícil ainda é demonstrarmos amor por aqueles que estão nos planos da essência, onde os nossos olhos não alcançam. Com a renovação do Cristianismo, esse item em nossas vidas mudará?

Resposta: – Nós, espíritos de pouca experiência com Deus, devemos nos esforçar, a fim de assimilarmos as lições de libertação íntima por meio de conhecimentos transcendentes, mas, para tal, por enquanto, a nossa principal escola é o plano físico. Tenhamos certeza de que o nosso coração vê além do plano material.

Para quem já concebe, por evolução, que a morte não interrompe a vida, continuar amando aqueles que retornaram ao plano dos desencarnados é mais fácil, considerando que não existe distância espacial entre os espíritos integrados pelas vias do coração.

***

Para nossa reflexão:

• Em sendo o plano imanente um rudimentar reflexo dos planos progressivamente transcendentes, a nossa dedicação na trajetória da evolução deve ser, a princípio, no sentido de aprendermos e apreendermos os ensinamentos do nosso atual plano, para, gradualmente, através do vaivém reencarnatório, assimilarmos as realidades dos planos espirituais...

• Enquanto não dominarmos com maestria as leis do Criador referentes ao plano concreto, não teremos, por falta de evolução espiritual, condições intelectivas nem genéticas para compreendemos as ciências dos planos espirituais, que, embora também, até certo nível evolutivo, sejam materiais, são mais sutilizados...

• Por ser o amor a argamassa da Criação, em qualquer plano que aprendermos a amar o levaremos conosco, pois amar é a suprema ciência da vida em todos os planos no universo de Deus.

***

Fica claro que, aos nos projetarmos mentalmente aos planos imaginários da abstração, exercitaremos a nossa superconsciência e, paulatinamente, aprenderemos a continuar amando àqueles que retornaram à pátria espiritual.

Pergunta 17: - Na condição de médium do Cristo, Jesus era a manifestação pura do amor incondicional. Como concebermos a condição tão especial que o Nazareno Mestre possuía para realizar as "milagrosas" curas, conforme consta na Bíblia, as quais são atualmente reveladas também pelos espíritos superiores através da mediunidade?

Resposta: – Jesus, além de médium do Cristo-Amor, era portador da voz misericordiosa, deixando claro para nós que, para refazer o corpo biológico do ser humano através da autocura ou com a ajuda de terapeutas, tais criaturas e, também, os terapeutas, precisam adquirir a misericórdia do falar.

Humildemente, busquemos, com o nosso Cristo interno, entrar em ressonância com o Cristo-Pai, a exemplo do que aconteceu com Jesus, que, de maneira mais incisiva, no momento sagrado de Seu batismo no rio Jordão, sentiu o Cristo e permaneceu conectado, por ressonância, com Ele. Ali Jesus recebeu do Cristo-Pai a Sua Sagrada Unção no corpo físico e, a partir daquele crístico colóquio entre Pai e Filho, o Nazareno Mestre Se integrou à frequência do Cristo — o médium de Deus e criador da Terra. No momento do batismo, com o toque o Cristo, Jesus despertou a Sua Força Superior.

Em sendo o Cristo médium de Deus, Jesus, em perfeita ligação mediúnica com o Cristo, tornava-Se Uno com Ele, a ponto de dizer com segurança e clareza: "Eu e o Pai somos um", mas "o Pai [o Cristo] é maior do que eu".

Podemos, assim, compreender o porquê de o Nazareno Mestre ter realizado aquelas inusitadas curas. Certo é que, quem se liga, por ressonância, ao Cristo — a Fonte Alimentadora da Vida Planetária — poderá realizar as mesmas maravilhas, pois Ele disse, conforme consta em João (14:10-12):

> Não credes que estou no Pai, e que o Pai está em mim? As palavras que vos digo não as digo de mim mesmo; mas o Pai, que permanece em mim, é que realiza as suas próprias obras.
> Crede-me: estou no Pai, e o Pai em mim. Crede-o ao menos por causa destas obras.
> Em verdade, em verdade vos digo: aquele que crê em mim fará também as obras que eu faço, e fará ainda maiores do que estas, porque vou para junto do Pai.

Avaliemos o que consta em Marcos (3:1-6):

> Noutra ocasião, entrou ele na sinagoga e achava-se ali um homem que tinha uma das mãos atrofiada.
> Alguns dos fariseus estavam procurando um motivo para acusar Jesus; por isso o observavam atentamente, para ver se ele iria curá-lo no sábado.
> Jesus disse ao homem da mão atrofiada: "Levante-se e venha para o meio".
> Depois Jesus lhes perguntou: "O que é permitido fazer no sábado: o bem ou o mal, salvar a vida ou matar?" Mas eles permaneceram em silêncio.
> Irado[21], olhou para os que estavam à sua volta e, profundamente entristecido por causa do coração endurecido deles, disse ao homem: "Estenda a mão". Ele a estendeu, e ela foi restaurada.
> Saindo os fariseus dali, deliberaram logo com os herodianos como o haviam de o prender.

Consideremos normal a conduta dos críticos, pois eles fazem parte apenas das religiões, mas não têm religiosidade. Continuemos exercitando a misericórdia do ver, ouvir e falar, para que venhamos a nos tornar porta-vozes do Nazareno Mestre.

[21] Não era da natureza do Sublime Anjo, irar-Se com nada. (N. A.)

Fica claro e notório que a 'energia' usada para recomposição da "mão atrofiada", Jesus a manipulou da natureza, cuja essência é do Cristo — a fonte revitalizadora do corpo biológico de todos nós.

Da mesma forma, em sendo a Terra o "corpo físico" do Cristo Terráqueo, todos os seus movimentos têm a participação do Cristo-Espírito. Justifica-se, assim, o fato de Jesus de Nazaré, que vivia conectado permanentemente ao Cristo-Pai, ter produzido os maravilhosos fenômenos físicos, como, por exemplo, o que consta em Lucas (8:22-25):

> E aconteceu que, num daqueles dias, ele entrou em um barco com seus discípulos e disse a eles: "Passemos à outra margem do lago". E partiram.
> Durante a travessia, Jesus adormeceu. Desabou, então, uma tempestade de vento sobre o lago. A barca enchia-se de água, e eles se achavam em perigo.
> E, chegando-se a ele, o despertaram, dizendo-lhe: "Mestre, Mestre! Nós estamos perecendo!" E ele, levantando-se, repreendeu o vento e a fúria da água; que cessaram, e fez-se Bonança.
> E perguntou-lhes: "Onde está a vossa fé?" Eles, cheios de respeito e de profunda admiração, diziam uns aos outros: "Quem é este, a quem os ventos e o mar obedecem?".

Além da própria condição do Nazareno Mestre, imaginemos o que é estar ligado, por ressonância, ao Cristo, o médium de Deus! Por isso, o nosso empenho deve ser nos conectarmos ao Nazareno Mestre, que humano foi na Terra, e, assim, estaremos também amparados pelo Cristo-Pai, que nunca esteve encarnado na Terra, mas que vive, por ressonância, permanentemente conectado ao Nazareno Mestre.

Pergunta 18: - É possível calcular o tempo de formação da nebulosa que deu origem à Terra? Por que não somos gratos ao orbe que, através dos milênios, tem nos amparado para a nossa evangelização?

Resposta: – Vale ressaltar que todos os corpos celestes que giram em torno do Sol do nosso sistema planetário, por exemplo, tiveram origem na desintegração atômica do próprio Sol.

Ou seja, as energias geradas em função da desintegração radioativa do núcleo do Sol, os Cristos criadores de mundos ou engenheiros siderais, manipularam e manipulam tais energias e formam as nebulosas para a formação de seus mundos.

Uma vez que é da lei de Deus ficarmos vinculados às nossas criações de qualquer natureza, principalmente as mentais, também os Cristos, ao criarem mundos, é como se estivessem criando os seus próprios corpos materiais, para se tornarem visíveis e audíveis no plano concreto da forma.

Embora seja constante universal, exemplifiquemos o caso específico da Terra, para facilitar o nosso entendimento:

- O Cristo Terráqueo que a criou é o Sagrado Alimento das vidas criadas por Deus em todos os reinos de Sua Criação enquanto a Terra existir, ou, mais especificamente, durante o seu tempo de vida, entre a sua integração e desintegração, que é de apenas 4.320.000.000 anos terrenos no percurso de sua vida à morte. A Terra já consumiu a metade de seu tempo desde a formação de sua nebulosa...
- Por conseguinte, por falta de evolução espiritual, o homem-espécie não conceber que Deus Pai, Deus Filho e Deus Espírito Santo é o mesmo deus em três estados conceituais diferentes, consideremos normal a sua falta de acuidade psíquica para ver, identificar e sentir Deus na Santíssima Trindade da Criação...
- Caso ele seja de pouca idade sideral e, também, de pouca experiência com Deus, não terá condição psicossomática para identificar a beleza essencial existente além da forma concreta. Justifica-se, assim, o fato de ele não se emocionar com a beleza da Criação, considerando que, quem é excessivamente racional por natureza, encontra-se em um estágio evolutivo cuja razão empírica e questionadora se sobrepõe às emoções advindas dos planos transcendentes, causadores de crísticas emoções.

Com o nosso atual grau de evolução espiritual, já é possível concluirmos que gratidão não faz parte dos espíritos egoístas, razão pela qual eles não são gratos ao mundo, pelo menos, pelo fato de lhes servir de apoio aos pés.

***

Por ser o propósito sagrado deste livro despertar de nossa latência a capacidade irrestrita de amarmos ao Criador e às criaturas, você, leitor, elabore, com a sua potente mente, um ambiente paradisíaco e entre em exercício consciente de autoimantação, para manter a vitalidade de seus corpos em função da harmonia de seus chacras.

Pronuncie palavras aglutinadoras de energias positivas com o teor do sagrado, visando à sua autoiluminação. Sinta-se, verdadeiramente, um filho de Deus e portador de Sua onipotência... Tenha certeza de que *você é o que pensa, o que aspira a ser, o que você ama.*

Diga com convicção, para todos os seus corpos ouvirem:

Neste exercício de autoiluminação, inicialmente vou acender o fogo sagrado do entusiasmo em mim, na condição de um cidadão cósmico que sou... De uma pessoa que quer se sintonizar com a mente divina e sentir a pulsação rítmica do universo estelar. Para tal, vou criar, mentalmente, um estado superior de frequência em que a minha alma se torne transparente como um cristal imaculado de cor azul-claro.

Falo agora com o tom da sacralidade:[22]

— Eu Sou filho de Deus...

— Eu Sou essência de Deus...

— Eu Sou energia da Fonte Eterna da Vida...

— Eu Sou pleno de vitalidade...

— Eu Sou portador do êxtase divino...

— Eu Sou o calor do sol da manhã...

— Eu Sou filho da Grande Luz do universo.

Graças a Deus!

Amém!

***

Mesmo quem não é vidente, pode deduzir a luminosa esfera áurica produzida pela pessoa quando esta adquire o sagrado hábito de falar com misericórdia... A bioenergia gerada pela criatura que possui a misericórdia do falar!

[22] Extraído do livro *O fim dos tempos e os discos voadores.*

O ser humano, sentindo Deus em si mesmo, pode afirmar convicto: — Fui criado (em essência) à imagem e semelhança de Deus, pois sou parte da Sua Essência! Cada vez mais quero me conscientizar d'Ele em mim, não em poder, mas em virtudes!

Quando o homem compreende que cada microindividualidade traz em latência a essência da macrototalidade, sente em naturalíssima condição que o reino de Deus está no homem.[23]

[23] Extraído do livro *O evangelho e a lei de Deus.*

Capítulo 7
A suprema finalidade da vida

Pergunta 19: - Mesmo sabendo que a natureza não dá salto na evolução, há algum mecanismo para o ser humano acelerar a sua evolução espiritual e se integrar por ressonância às luminosas esferas celestes, principalmente àquelas frequentadas pelos espíritos encarnados, que, em desdobramento, são conduzidos às escolas iniciáticas de alto nível evolutivo do outro lado da vida, pois estão conscientemente empenhados em sua reforma íntima?

Resposta: – Após a criatura se conscientizar quanto ao sentido sagrado da vida corpórea, poderá, intuitivamente, se sentir impulsionada para atingir, o quanto antes, as culminâncias das dimensões integradas, por evolução, às altas esferas celestiais. Entretanto, mesmo sabendo que a natureza não dá salto na evolução, ela se motivará para continuar pesquisando sobre a vida e, assim:

• Poderá frequentar escolas espiritualistas, para conhecer melhor os mecanismos das leis imutáveis do Criador e, naturalmente, abandonar suas ilusões religiosas, evitando as frustações tão comuns nas sociedades formadas por espíritos primários. Estejamos certos de que milhões de espíritos terrenos encarnados, na vigília do sono, são conduzidos às escolas iniciáticas existentes nos planos espirituais.

• Ao retornarem ao corpo biológico, abraçarão o Evangelho do Nazareno Mestre e se dedicarão à sua evangelização, tendo em vista que o Evangelho do Sublime Anjo é a síntese de todas as verdades. Assim, muitos darão sentido crístico à existência e se desapegarão dos tesouros da existencialidade.

• Quando se tratar de pessoa imediatista, embora portadora de certa dose de vontade, no sentido de se dedicar a causas transcendentes, será normal abandonar a causa crística, por não ter paciência nem perseverança para construir a sua luminosa trajetória, com raízes fincadas na eternidade. Na verdade, pessoa dessa graduação evolutiva espera que as benesses caiam dos Céus, quando as conquistas espirituais são pessoais e intransferíveis. No entanto, existem criaturas que, mesmo nessas condições, frequentando escolas iniciáticas nos planos espirituais, poderão despertar o seu Cristo interno e se motivar para aquisição de novos valores morais.

Como consequência, tais alunos poderão despertar o seu Cristo interno, vislumbrar novas verdades e, com segurança, abandonar as anímicas fantasias religiosas, principalmente aquelas em que o ser humano se autointitula portador de virtudes que ainda não fazem parte de seu patrimônio moral.

Certo é que, para o indivíduo graduar-se espiritualmente, a ponto de ter contato mental com as luminosas esferas celestes nas dimensões dos espíritos puros, o mais simples e proveitoso exercício é evangelizar-se, inserindo a mensagem do Nazareno Mestre em sua vivência.

Pergunta 20: - Caso a pessoa ainda não tenha evolução moral para amar a Deus sobre todas as coisas, como amará a si mesma para evoluir e ascender?

Resposta: – Logicamente, os ensinamentos dessa magnitude não são dirigidos a crianças espirituais, aquelas inexperientes de Deus, considerando que, por mais que se esforcem, tais orientações não farão eco à essência espiritual de criaturas de pouca evolução moral. Será o mesmo que *atirar pérolas aos porcos*, considerando que o nível de ensinamentos deve ser de acordo com a capacidade que bom percentual dos alunos tenha para assimilá-los. Assim, os que o conseguirem, serão modeladores de consciências e guias dos demais.

Enquanto a evolução do espírito for restrita à concepção do plano tão somente físico, o alcance de sua rudimentar mente é limitadíssimo, sem condições para conceber os infinitos planos metafísicos.

O espírito de inexpressiva moral:

- É naturalmente egoísta, razão pela qual se vicia, usando os mais variados meios, demonstrando que, além de não se ter graduado ao altruísmo, o seu olhar é inclinado para o chão, por lhe faltar visão transcendente, o que o leva à limitadíssima concepção de que a vida começa no berço e termina no túmulo, embora intelectualmente possa fazer discursos como se concebesse universos transcendentes, aqueles de altíssimas frequências em que a luz já não sofre refração. Justifica-se, assim, o fato de eles não terem aspirações para conquistar os Céus. Na verdade, os tesouros celestes, por enquanto, não fazem eco à sua essência espiritual.
- Ao levarmos tais reflexões para o pilar religioso, por exemplo, percebe-se, com segurança, quantos indivíduos se propõem a invocar as potestades celestiais em benefício de seus semelhantes, mas suas ondas mentais são de baixíssima frequência, não obtendo, naturalmente, o sucesso almejado por falta de qualidades morais.
- Em muitos casos, por viverem tombados pelo sentimento de culpa gerado na atual encarnação ou trazido de vidas anteriores, tais indivíduos vivem em prisões sem grade.
- Outro item a ser considerado é que as suas ondas mentais, por serem fraquíssimas, não têm cores agradáveis que exaltem a vida e o Autor da Vida. Também as suas vozes não têm a entonação do acalanto.
- Pessoas desse naipe produzem ruídos estridentes ao invocarem a presença dos espíritos superiores ou quando buscam alento em Deus. Na verdade, criaturas assim, por falta de conteúdo moral, recorrem a gritos para "impressionar" as plateias humanas ou aquelas formadas por espíritos inferiores, pois as suas invocações não fazem eco à pátria espiritual dos planos luminosos.
- Entende-se, assim, o fato de milhões de pessoas, que ainda não são portadoras da misericórdia do falar, se saciarem quando invocam espíritos do astral inferior e eles respondem prontamente. Na verdade, eles atendem à Lei dos Afins.
- O insucesso dos que se colocam como intermediários entre a Terra e os Céus, suplicando lenitivos para os seus seme-

lhantes, se deve ao fato de que os interesses pessoais se sobrepõem aos coletivos, como, por exemplo, almejar projeção social e liderança diante de seu grupo ou na sociedade a que pertença, ou quando portadores do antivital interesse em se locupletarem financeiramente. Esse tipo de indivíduo, para atender ao seu ego, entre tantos adjetivos de que se diz ser portador, tem o mais grave que é intitular-se portador de dons divinos para representar Deus, com poderes excepcionais sobre a Terra e os Céus. Na verdade, *é* um *pobre de espírito* se intitulando bem-aventurado.

Fica transparente que, enquanto a pessoa não tiver evolução moral para amar a Deus em primeiro lugar, por mais que se esforce não terá condição para amar a si mesma nem a seus semelhantes. Consequentemente, tal criatura não terá transparência na condução da vida diante dos homens, muito menos diante das inquestionáveis Leis de Deus.

Pergunta 21: - É possível caracterizar um ser humano, que, verdadeiramente, se perdoa e se ama, apenas observando suas ações e reações externas?

Resposta: – A convivência entre as criaturas facilita, substancialmente, uma melhor e mais apurada apreciação de nossos semelhantes, considerando que, caso o pesquisador da vida alheia se detenha tão somente nas ações e reações externas do observado, dificilmente obterá o sucesso almejado, uma vez que muitos indivíduos se metamorfoseiam de acordo com as circunstâncias ou as conveniências. São criaturas miméticas, enganando a si mesmas, pensando que estão driblando a Lei de Causa e Efeito. Tais seres humanos, com o avanço da idade biológica, poderão ser tombados por avassalador sentimento de culpa, o que os leva, quase sempre, a desencarnarem antes do tempo previsto. Na verdade, a pessoa que não se perdoa, além de respirar dentro de sua aura nodosa, vive acompanhada permanentemente pela culpa e se consumindo, pois, praticando o suicídio a longo prazo, uma vez que a culpa, por ser antivital, as pessoas que a possuem têm, logicamente, possibilidade de sofrerem de parasitose espiritual. Também existem aquelas que, principalmente ao desencarnarem, passam a sofrer de licantropia,[24] metamorfoseando-se em verdadeiros monstros devido à culpa. São suas criações mentais.

Avaliemos o ser humano que se ama:

- Caso seja portador de conhecimento quanto à Legislação Divina, não se vicia mentalmente nem ingerindo ou inalando substâncias tóxicas. A vida mental dele é, primordialmente, povoada por paisagens de belezas imanentes e transcendentes.
- Devido a amar a Deus sobre todas as coisas, a sua relação social é de alto nível, considerando que o seu grau de evolução moral lhe permite não ser possuído por qualquer *tesouro que a ferrugem consome*. Nesse caso, é capaz de perdoar sutilmente os seus supostos "algozes", sem acusá-los, e de conviver com os diferentes e com as diferenças sem perder sua harmonia íntima.
- Quando ele reconhece que a evolução espiritual não é somente linear como também superficial e volumétrica, esforça-se para conhecer e dominar com maestria o plano de sua temporária atuação. Também não se apega ao mundo externo, pois sabe que a existência é muito breve e que, onde estiver o seu tesouro, ali estará também o seu coração.

Outro fator que deve ser considerado por quem for avaliar a conduta das criaturas é a idade biológica, já que, quase sempre, quando jovem, o indivíduo pode ser cheio de energia, mas vazio de experiência com Deus e sem sabedoria, embora se considere conhecedor das verdades absolutas, mesmo quando portador apenas da escolaridade atual do plano material, pois não trouxe grande cabedal de experiências crísticas adquiridas em vidas anteriores.

Em *A Grande Síntese*, Pietro Ubaldi afirma: "A semente de vossos atos está no vosso pensamento. Tal como a semente produz o fruto e o fruto produz a semente, o pensamento produz a ação e a ação produz o pensamento".

Uma vez que na ação está a natureza da reação, consideremos:

- De que maneira o indivíduo avaliado reage aos aconte-

[24] Licantropia clínica é uma rara síndrome psiquiátrica, na qual a pessoa afetada sofre a ilusão de poder se transformar, ou de fato ter se transformado, em um animal. Fonte: Wikipédia.

cimentos corriqueiros da vida em uma escola primária, como ainda é a Terra, na qual a maioria de sua humanidade não se dedica a conhecer as leis fundamentais da vida universal — Reencarnação e Causa e Efeito.

• Dentro da mesma encarnação, levantando como a pessoa tem conduzido a vida até o momento da pesquisa, obtém-se uma noção sobre ela em função de sua idade biológica, uma vez que grande percentual dos que integram a sociedade terrena só dá sinais de teóricas mudanças a partir do momento em que o seu corpo biológico entra em processo de decadência energética. Quando falamos em *teóricas mudanças*, é porque a natureza não dá salto na evolução, o que quer dizer que a mudança não é em função de sua elevação moral, e, sim, em função da decrepitude, acompanhada pelo medo disfarçado da morte, o qual ainda faz parte de quase todos nós.

• Por mais racional que seja uma criatura, pois desprovida de emoções transcendentes, quando a idade corpórea preludia a perda natural dos impulsos que foram abundantes em sua juventude, ela, intuitivamente, sente vontade de dar novos impulsos à vida psíquica, na tentativa de recuperar o tempo perdido em que *plantou vento e colheu tempestade.* Apesar da tentativa, nem todos obtêm sucesso, considerando o exíguo tempo que possa lhes restar para concluir a encarnação.

O ideal é adquirirmos lucidez espiritual e, se possível, desde jovem iniciarmos o nosso plantio reencarnatório em terra fértil, para, de preferência na mesma vida, colhermos frutos sem as energias da culpa por mais uma existência vazia de Deus.

Por ser da Criação o eterno evoluir, ascender e transcender para nós, moradores temporários do planeta Terra, estejamos atentos ao empuxo divino que já estamos sofrendo nesta fase nova de implantação dos Adventos Crísticos, atendendo ao programa da Terra, fecundando uma nova civilização para o terceiro milênio.

Vislumbremos um horizonte que atenda às expectativas dos coordenadores espirituais responsáveis pelo progresso ético-moral da humanidade terrena. Não fiquemos presos ao nosso concebível, para não reduzirmos o infinito à finita concepção humana elaborada pela nossa razão, pois, para exercitarmos a superconsciência, é de bom alvitre que nos projetemos para além do universo estelar, levando conosco a certeza de que, por sermos imortais, caminharemos eternamente em forma elíptica em direção ao infinito, visando a sentirmos, progressivamente, o Absoluto — Deus. Dessa forma, não ficaremos rodopiando em torno do vazio à procura do nada.

Não nos esqueçamos do sagrado propósito deste livro, que é entendermos e colocarmos em nossa vivência, em definitivo, que amar é a suprema ciência da vida.

Uma vez que somos o que pensamos, em função das reflexões proporcionadas pela leitura deste livro, conclua você mesmo e afirme:

> Sinto que, silenciosamente, vou criando, com a minha mente, campos energéticos de sustentação do meu corpo celular saudável... Vou criando, através das lindíssimas músicas imaginárias das dimensões edênicas para onde eu me projeto mentalmente, ambiente em que entro em enlevo e passo a respirar o Hálito da Vida nas dimensões em que a música terapêutica é fonte de energia para manter a minha vitalidade psicossomática, lembrando-me, sempre, que o ser humano é o que ele pensa...
>
> Neste sagrado ambiente criado pela minha imaginação, vislumbrando as mansões celestiais, sinto prazer espiritual tendo a música de cunho moral como impulsionadora da minha vida mental dinâmica e criadora. Assim, estou despertando a minha superconsciência e, consequentemente, o eternamente novo, o eterno vir a ser. Com tal estado emocional-crístico, vou me harmonizando com a divindade, advindo daí a saúde, o refazimento, o equilíbrio. Estou me harmonizando com o Cristo-Amor.
>
> Vou, agora, para um ambiente esmeraldino com nuanças azuis, onde vou ouvir a Nona Sinfonia de Beethoven. Sob esses acordes, o Arcanjo Rafael se aproxima de mim e me diz:[25]
>
> — Filho!
>
> — Música é vida.
>
> — A música de natureza divina liberta a alma da consciência de culpa.

[25] Extraído do livro *O fim dos tempos e os discos voadores.*

— A música possui a virtude de fazer a ligação das almas terrenas aos Céus dos esplendores edênicos.
— Filho da Música!
— Utiliza o medicamento musical para refazimento de tuas energias mantenedoras da vitalidade corpórea, pois a música superior é criadora de sentimentos elevados, os quais são terapêuticos, pois atuam no binômio alma-corpo.
— A música, com a vibração da religiosidade, faz a ligação entre a alma terrestre e os poderes celestes.
— A música, com o tom da sacralidade, filho, é fonte de integração às emoções superiores.
— A música abre a percepção para a alma se comunicar com o cosmo.
— A música sacra tem energias curativas para todos os males.
— A música crística, aquela que identifica a voz sonora de Deus, empolga a alma para criar, com a mente, catedrais luminosas, com energias defluentes de si mesma.
— Assim, permaneça mentalmente mergulhado em um universo de ondas sonoras que expresse religiosidade.

***

Você, leitor, na sagrada condição de coparticipante da Criação, continuando em seu crístico devaneio, afirme e confirme com o tom de voz que identifique pureza iniciática, a fim de que os seus ouvintes dos dois planos, ao ouvirem a sua misericordiosa voz, acendam suas chamas crísticas, afirmando:

> Em meu ambiente mental de cores agradáveis e límpidas, percebo os anjos da música dedilhando harpas de filigranas douradas, cuja mensagem musical é induzir as criaturas a dilatarem a visão interior e vislumbrarem, a distância, os espíritos que já se graduaram à angelitude.
> Aproveitando a sublime emoção produzida pelos anjos da música, eu, de mãos dadas com o Arcanjo Rafael, vou passear pelo universo, visitando outras galáxias...
> Vou contemplar o universo pontilhado de sois, estrelas, quasares. Nesse passeio, devido a eu saber que, ***no vislumbre da Luz, iluminado sou***, por algum tempo vou manter o meu olhar fixo no sol central do universo para

me energizar, pois eu sou o que eu penso.
De volta à Terra, iluminado, com luzes saindo por todos os poros da minha alma e do meu corpo, estou criando, mentalmente, uma catedral de luzes policrômicas.
Comodamente sentado em um banco de cor marfim no interior da catedral, vejo o Arcanjo Rafael levantar-se e subir ao púlpito para proferir uma oração em benefício da humanidade terrena.
Em volta da catedral, vejo um roseiral florido, do qual exalam perfumes inebriantes... Ao fundo, uma orquestra, formada por anjos da música. Presente, encontra-se meu muito amado Mestre, Aquele que eu nomeei meu guia... Aquele que produz em mim a suprema emoção pela vida... Aquele que me embala na condução da vida... Aquele que é eterno estímulo a alimentar em mim a esperança... Aquele que é o meu Divino Sol — o Nazareno Mestre.
Mergulhado nesse campo de energias, após a oração do Arcanjo Rafael, também senti vontade de orar. Antes, porém, imagino Jesus em oração no alto da catedral que eu criei com a minha potente mente... A magnificência de energias saindo do Sagrado Coração de Jesus em oração!
É esplendoroso imaginar a profusão de luzes advindas do Nazareno Mestre, nosso eterno guia e modelo.
Embebido nessa paisagem mental, afirmo e confirmo, que, verdadeiramente, "eu sou o que aspiro a ser... Eu sou o que amo".
Agora, estou sendo atraído pelo magnetismo de Jesus em oração. Estou sendo puxado por um ímã crístico — Jesus de Nazaré. Encontro-me mergulhado na esfera-luz do Nazareno Mestre, iluminado pelo sol central do universo e sob os acordes da voz de Jesus. Eu também vou orar. Vou me refazer através da oração... Vou interagir com o cosmo... Vou interagir com a Suprema Inteligência. Vou interagir com o gerador da vida universal!... Vou falar com Deus:

— Oh, Senhor!
— Oh, Supremo Arquiteto do Universo!
— Deus Absoluto, Criador de todos os mundos!
— Nesta corrente intergaláctica, nesta corrente cósmica.

— Neste momento de interação entre as partes e o Todo que Sois.
— Eu sinto a cachoeira de luzes e bênçãos canalizadas por Jesus quando em oração no alto da catedral... Da catedral de luzes com as cores da vida.
— Eu vejo o planeta Terra incendiado com o fogo sagrado da essência crística saída do Sagrado Coração de Jesus.
— Eu percebo o nosso globo transformado em um divino santuário e os anjos entoando cânticos de louvor a Vós, Supremo Deus, causa sem causa de tudo e do Todo.
— Eu vejo a humanidade ajoelhada dentro da catedral e diante do altar da Vossa Criação, cantando hinos de louvor à vida... Hinos de gratidão ao Senhor da Vida, em um ato de reverência Àquele que é ***a Luz do Mundo, o Sal da Terra... Àquele que também é caminho, também é verdade e também é vida*** — Jesus de Nazaré.

Graças a Deus!
Amém!

***

Os Adventos Crísticos solicitam que assimilemos e coloquemos na rotina da vida o Evangelho, a fim de que vivamos mais harmonizados com as Leis da Vida, usufruindo das benesses que outros espíritos terrenos mais polidos já desfrutam meritoriamente.[26]

[26] Extraído do livro *O evangelho e a lei de Deus*.

Capítulo 8
Amar-se para evoluir e ascender

Pergunta 22: - Na Terra, por que a velhice orgânica do ser humano, de modo geral, é acompanhada por várias deficiências psicossomáticas?

Resposta: – Devemos manter o nosso incessante dinamismo físico-mental, visando a sempre alcançarmos as esferas celestes, sem extrapolarmos, evidentemente, os nossos limites, para não ficarmos rodopiando em torno do vazio existencial, aspirando ao transcendente, à procura do nada, tendo em vista que muitos buscam os Céus de maneira fanática, embora, facilmente, deixem transparecer que vivem emocionalmente atrelados aos tesouros da Terra. Assim, almejemos conquistar as planuras celestes, mas sabendo que elas só serão alcançadas quando estivermos harmonizados com a existência terrestre, pois, enquanto desequilibrados, nos Céus não adentraremos.

A criatura que ainda não concebe, verdadeiramente, que a morte não interrompe a vida, normalmente a partir dos 49 anos de idade, pode entrar em processo de desarmonia psicoemocional, com perda substancial de energia vital, em função de mentalmente não relaxar, acarretando grandes danos ao corpo biológico, devido a viver em permanente tensão, dificultando o trabalho harmônico dos chacras ou pontos vitais. É uma incessante luta mental, porque a pessoa aspira aos Céus, mas os conhecimentos espirituais adquiridos ainda não foram suficientes para libertá-la da posse. Normalmente, criatura desse naipe vive em permanente conflito emocional, lutando contra o seu adversário íntimo, o que lhe poderá desarmonizar os movimentos chácricos, os quais causam doenças degenerativas. Outro fator que pode causar prejuízo à vitalidade do nosso corpo biológico é vivermos mentalmente aspirando a projeções sociais que não fizerem parte do nosso programa reencarnatório. Tenhamos cuidado para não prejudicarmos o trabalho do chacra coronário, daí advindo lesões neurocerebrais.

Com o exílio, para outros mundos, dos espíritos mais acanhados quanto aos Haveres dos Céus, a sociedade planetária terrena viverá mais harmonizada com as Leis de Deus, pois, além de compreender que a vida é eterna, exercitará, conscientemente, o desprendimento dos apegos terrestres, para, por mérito, vislumbrar a família universal na condição de cidadãos cósmicos que somos.

Para que a nossa vida mental saia da rotina e não envelheçamos precocemente, devemos nos amarmos, a fim de evoluirmos e, um dia, ascendermos. Assim, o ponto de partida é o autoamor.

Vamos exercitar a nossa superconsciência, para mantermos a nossa saúde psicossomática:

Vislumbremos as dimensões dos espíritos luminosos, aquelas em que tudo é cristicamente impregnado com ondas de amor à vida, para que, respirando em tais ambientes energéticos imaginários, nos alimentemos com o Hálito da Vida — o Amor Puro — e, assim, não envelheceremos antes do tempo, considerando que muitas criaturas, com a chegada da decrepitude, passam a viver melancolicamente, sem vida na expressão corporal e verbal... Também sem luz nos olhos, sem energia vivificadora e sem a voz com o som do acalanto, o que acarreta falta de magnetismo aglutinador de consciências superiores advindas dos planos da angelitude para motivar nossas aspirações rumo aos Céus. Por conseguinte, nos esforcemos para chegar ao final de cada reencarnação com semblante agradável, esfera áurica resplandecente devido ao entusiasmo assentado na razão cósmica, pois convictos de que somos eternos e imortais, exercitando na Terra a universalização de nossas aspirações transcendentes.

Coloquemo-nos acima das frequências alcançadas pelas fadigas corriqueiras, comuns àqueles cuja vida mental é restrita à temporária existencialidade, pois amalgamam suas limitadíssimas aspirações aos tesouros terrestres, impedindo-se, assim, de exercitarem a superconsciência e alcançarem, vibratoriamente, os tesouros celestes, pois eternos. Para quem concebe que a vida não tem ponto final, tal atitude é autoamor... É vontade em ação crística... É vitalidade da alma em função da prática do amor ativo, para manter a vitalidade do corpo.

Imaginemo-nos realizando uma viagem do Nadir ao Zênite[27], contemplando as belezas refulgentes do universo estelar, tendo a convicção de que, com paisagens dessa magnitude, dilataremos a nossa consciência para identificarmos os prepostos de Deus com mais amplitude. Sem dúvida, viveremos o agora com a vibração luminosa de quem concebe a imortalidade do espírito eterno e, assim, exercitaremos a nossa superconsciência sem as doenças psicossomáticas, pois, mentalmente, estaremos sempre projetados para o eterno futuro... Para o eterno vir a ser.

Para aproveitarmos magnificamente cada oportunidade reencarnatória e chegarmos ao final das existências com saúde psicoemocional e corpórea, é necessário compreendermos a Legislação Divina e pautarmos as nossas vidas seguindo os princípios ético-morais cristãos.

Uma vez que somos o que pensamos, ao nos imaginarmos contemplando a beleza das esferas celestes, sentiremos vontade de cantar hinos de gratidão à vida, louvando o Autor da Vida por estarmos matriculados na Escola Terra, aprendendo a ***amar a Deus sobre todas as coisas***, visando, naturalmente, a ***amarmos os nossos semelhantes como a nós mesmos***. Por conseguinte, emitirmos ondas mentais de gratidão a Deus, por mais uma vida corpórea, é a palavra de ordem.

*Pergunta 23: - **Por ser Deus puro pensamento, Ele não cria mundos materiais. Consequentemente, Ele também não cria os corpos de seres humanos nem de nenhum outro reino. Tem fundamento admitirmos que as criações do plano material são realizadas pelos Cristos na sagrada condição de coparticipantes da obra de Deus?***

Resposta: – Em sendo o amor a essência do Criador, é também a argamassa, para os engenheiros siderais, na sagrada con-

[27] Zênite: ponto no qual a vertical do lugar (perpendicular ao horizonte) intercepta a esfera celeste, acima da cabeça do observador. A vertical do lugar é definida por um fio a prumo. Nadir: ponto diametralmente oposto ao zênite. Os círculos verticais começam no zênite e terminam no nadir. Fonte: Google.

dição de prepostos de Deus, criarem os mundos. Assim, nós, na condição de Cristos-criaturas, sem exorbitarmos de nossos humanos limites, tenhamos em mente que todo ato de amor de cunho moral que realizarmos é o nosso Cristo interno a serviço do Cristo Criador do planeta Terra, pois Ele é quem alimenta a essência da vida criada por Deus em nós — o amor.

Vamos divagar sobre a capacidade realizadora de um Cristo, mas continuemos com os nossos pés no chão, a fim de não entramos em devaneios sem frutos adocicados.

Escreveu Pietro Ubaldi em *A Grande Síntese*:

> Não queirais restringir a Divindade aos limites de vossa razão; não vos eleveis a juízes e à medida do todo; não projeteis no infinito as pequeninas imagens de vosso finito; não ponhais limites ao absoluto...
> Não pode haver criação no absoluto. Só no relativo pode haver nascimento e transformação. O absoluto simplesmente *é*...
> Em sua essência, Deus está além do universo de vossa consciência, além dos limites de vosso concebível.

Uma vez que a palavra Cristo é sinônimo de amor universal, tudo que advém de um Cristo traz a essência da vida — o amor. Consequentemente, a criação de um corpo celeste é, sem dúvida, um arquiangélico ato de amor. Indubitavelmente, nós somos portadores da essência da vida criada por Deus e modelados no plano das existências pelos Cristos ou engenheiros siderais, mas em constante aperfeiçoamento na forma, haja vista que a forma material também evolui.

Pergunta 24: - Qual o ponto focal que devemos manter em nossa mente, a fim de despertarmos o autoamor, convictos de que tal estado d'alma nos facultará o evoluir para, conscientemente, aspirarmos à ascensão?

Resposta: – Sabemos que o autoamor, por ser uma constante universal em diferentes níveis de concepção, e, também, por ser intrínseco à nossa essência o amor de Deus, todos os seres humanos o despertarão progressivamente de si, pois somos portadores dos divinos atributos do Criador. Assim, o mais soberbo espírito terá um momento, após saturado das reencarnações compulsórias, aquelas acompanhadas de dor ou de sofrimento, de se curvar e, de joelhos sobre a terra, pedir aos coordenadores de suas reencarnações novas oportunidades para reencarnar e evangelizar-se, a ponto de conviver placidamente com as agruras do plano material e ter a oportunidade de exercitar a humildade. São reencarnações difíceis, mas se compreendida a razão das dificuldades existenciais, o indivíduo poderá dar um salto qualitativo em sua evolução espiritual e pautar a vida seguindo os princípios ético-morais evangélicos.

***

Para nossa reflexão:

• Tudo criado pelos prepostos de Deus evolui naturalmente. No entanto, para ascender, só após o ser humano se qualificar ao nível de ver, ouvir e falar com misericórdia... Em tal estágio evolutivo, ele continuará aumentando a sua frequência mental, expandindo a sua percepção extrassensorial, o que lhe propicia menor atração gravitacional causada pelo plano físico-dinâmico e, simultânea e progressivamente penetrar nos campos transcendentes, nos campos metafísicos.

• Ao se atingir as crescentes frequências mentais em níveis superpsíquicos, o espaço e o tempo do plano físico vão "diminuindo" e tendendo a zero; no ponto zero, mas não absoluto, inicia-se outra dimensão, mais elevada, obedecendo a uma nova tríade também linear, superficial e volumétrica, com suas próprias unidades de medidas compatíveis à nova dimensão.

• Deduz-se, assim, teoricamente, que o universo é constituído de infinitas dimensões, as quais são "habitadas" por espíritos de inúmeros graus evolutivos.

Assim, quem pretende, por elevação de frequência, entrar em contato com consciências espirituais que estimulem as suas aspirações transcendentes, deve manter em sua tela mental paisagens paradisíacas, para naturalmente despertar de seu universo íntimo o autoamor, a fim de, por mérito e parcimoniosamente alcançar a sua ascensão.

Uma vez que o universo psíquico das pessoas mais evoluídas, por ser mais cósmico, pode se conectar com consciências cujas frequências estão além do concebível pelos sentidos puramente humanos terrenos, devem tais criaturas servir de guias da humanidade, evangelizando aquelas de menor patrimônio moral, para darem sentido crístico à vida e, assim, conscientemente, evoluírem e ascenderem.

Ao partirmos do inquestionável princípio, conforme anunciou o Nazareno Mestre, de que "o reino de Deus está no homem", cabe-nos, por esforço próprio e intransferível, despertarmos os divinos atributos latentes em nosso âmago.

É proposta deste Crístico Advento levar a criatura a:

• Ampliar a sua consciência através de estímulos crísticos produzidos durante, por exemplo, o mergulho na essência deste livro[28], visando a que ela possa sentir a Suprema Inteligência e se motivar para a sua ascese espiritual...

• Conscientizar-se de que a sua tão almejada felicidade será acontecimento interno e nunca por causa de realizações externas, tendo em vista que a felicidade que cada pessoa sente é gerada pelas ondas de gratidão advindas dos encarnados e desencarnados de todas as partes do universo, gratos pelas benesses recebidas, mesmo sem saberem a procedência, pois quem segue a orientação evangélica do Nazareno Mestre, simplesmente serve com a mão direita sem que a esquerda a veja...

• Compreender os desígnios divinos, visando a que ela se motive para se sintonizar com a Mente Criadora, entregar-se ao cristotropismo e voar com as asas da imaginação em direção ao Infinito...

• Substituir a estática crença em Deus pela dinâmica vivência em Deus...

• Dinamizar o seu sentimento crístico, para adquirir condições de transmitir a seus semelhantes o calor divino que vivifica... O calor do Criador que revitaliza seus semelhantes através de sua misericordiosa voz...

• Emocionar-se com o poema cósmico declamado pelo poeta do amor — Jesus de Nazaré —, para que ela possa, com mais facilidade, sentir as verdades cósmicas...

• Sintonizar-se, na Era do Mentalismo, com a frequência

[28] É recomendável que estudemos, também, o livro ***A arte de interpretar a vida***. É uma obra que envolve o binômio razão-sentimento.

do Cristo-Amor, para se libertar do cativeiro religioso, pois o momento histórico da Terra, associado à evolução espiritual da humanidade, requer que nos conscientizemos de nossa força mental na condição de criaturas de Deus, e adquiramos a nossa religiosidade.

***

Continuemos atentos ao sagrado propósito deste livro, mantendo em nossa mente o pensamento central dele, afirmando que amar é a suprema ciência da vida. E, uma vez que somos centelhas de Deus, vamos fazer mais um exercício de autoimantação, para continuarmos despertando com mais amplitude o nosso Cristo interno.

Com segurança íntima, você, leitor, com voz clara e tom de sacralidade, afirme e confirme assim:

Eu, na condição de espírito eterno que sou, vou conversar com Deus e Seus prepostos... Vou falar convictamente para as células de meus corpos ouvirem e sentirem o meu luminoso comando... Vou falar com energia, com a força da convicção, para manter o biorritmo de meu organismo em harmonia.

Vou falar assim:[29]

— Eu Sou essência do Supremo Arquiteto do Universo.
— Eu Sou portador da grandeza da bondade.
— Eu Sou calor da presença de Deus.
— Eu Sou manifestação do Cristo Planetário da Terra.
— Eu Sou luz advinda do Sol da Vida — Deus.
— Eu Sou porta-voz do Divino Arauto da Divindade — o Nazareno Mestre.
— Eu Sou parte da Suprema Consciência — Deus.

No exercício do autodescobrimento, inicialmente, vou me desarmar na condição temporária de ser humano terreno que estou, para exercitar a minha realidade eterna e cósmica que sou. A realidade de um espírito livre que sou, na busca da minha libertação íntima. Na condição de um ser universal, vou libertar os meus pensamentos luminosos e voar em direção às

[29] Extraído do livro *O fim dos tempos e os discos voadores.*

fontes de beleza eterna que fluem do Cristo Planetário da Terra.

Com a minha divina capacidade de imaginar o belo, as magníficas paisagens da Criação, vou entrar em um crístico devaneio, dentro da refulgente aura esférica de São Miguel.

***

Leitor! Fale com firmeza e convicção para despertar o seu Cristo interno, o seu Deus interior! Mas fale com o tom da pureza iniciática própria dos espíritos convictos de que são portadores dos divinos atributos de Deus! Fale com a segurança de quem não tem dúvida de que o ser humano é o que ele pensa.

Vou me imaginar afirmando:

Em companhia do Arcanjo Miguel, encontro-me em um anfiteatro de cristal, decorado com pedras preciosas de lindíssimos matizes, refletindo a luz do Sol e criando, no ambiente de cativante beleza transcendente, um estado emotivo de pompa divina... Um estado de gala para se conviver com o sagrado... Um estado de belezas insuperáveis em que a alma, humildemente, se curva à misericórdia infinita da mente divina, criadora de policromias eternas.

Nesse ambiente multicor, de delicadas filigranas emotivas, em que a alma humana se sente em meio a um bailado de formas de pensamento de magnetismo divino, percebo, despertando em mim, um canal mais sensível e vibrátil... Um canal em que a minha mente vai se sintonizando com o Arcanjo Miguel... Um canal que me faculta vislumbrar um grande Sol no centro do universo.

Nesse ambiente de raríssima beleza espiritual e ternura angelical, transfigurado em um santuário de hosanas ao Criador... Nessa dimensão de magnetismo crístico, vejo e sinto os grandes gênios da música... Vejo os intérpretes do pensamento de Deus em forma de sons. Nesse santificado ambiente, sinto o Cristo Cósmico penetrando em todo o meu ser... Sinto transformar-me em luz... Sinto que, verdadeiramente, sou filho do Amor... Sou filho do Autor da Vida... Sou filho de Deus.

Agora, neste instante, neste momento, elevado à dimensão da musicalidade divina, ajoelho-me, olho para o Alto e faço uma oração de gratidão eterna ao Supremo Criador.

Em oração, inebriado por perfumes de procedência nirvânica, sou invadido pelo êxtase das palpitações cósmicas, pelo júbilo que me enche de emotividade sacrossanta e vibrações de regozijo, ao ouvir, na acústica da minha alma, músicas provindas das mansões celestiais.

À medida que vou interagindo com as consciências de meu ambiente mental, em ritmo acelerado, do meu coração começam a fluir feixes luminosos... Luzes da dimensão divina que identificam a manifestação da alegria e que portam os espíritos superiores, os espíritos plenos de Deus... Os espíritos plenos da graça divina.

Nesse crístico devaneio, estou recompondo a movimentação de meus chacras, de meus pontos vitais e recarregando os meus acumuladores com energias provindas do Cristo-Amor... Estou revitalizando os meus corpos... Estou mantendo a saúde da minha alma, na condição de espírito eterno que sou, e, consequentemente, a saúde de meu corpo biológico.

Conclua, você, leitor, sem oscilações e anuncie em voz alta e clara: "Eu Sou o que penso... Eu Sou o que aspiro a ser... Eu Sou o que amo".

***

> Ao despertar em si os valores que o estimulam na busca do eterno, o espírito motivado à sua evangelização sente, naturalmente, vontade de se integrar à pulsação criativa, o que o leva a ter fome e sede de justiça, e a buscar se ajustar à vibração sublime do fluxo da vida universal, que lhe permite harmonizar-se com a Divindade, tendo como consequência a liberação da sua fonte íntima ou Deus imanente. Tal fluxo do Criador imanente brota da criatura pelo coração, em uma profusão de luzes, cores, perfumes e sons. É o Eu Crístico ou Força Superior que despertou para, conscientemente, trabalhar o seu ***religare***.[30]

[30] Extraído do livro ***O evangelho e a lei de Deus.***

Capítulo 9
A gênese do universo é um ato crístico de amor

Pergunta 25: - Uma vez que os mundos materiais são criados pelos Cristos ou engenheiros siderais, podemos admitir que a criação dos corpos celestes advém de um arquiangélico ato de amor?

Resposta: – Em sendo Cristo sinônimo de amor universal, de amor incondicional, tudo que advenha Dele transporta a essência da vida — o amor.

Os Cristos, para criarem mundos, utilizam-Se do amor como argamassa universal. Consequentemente, todos os seres vivos, para que possam existir na Criação, contêm a emanação do Cristo-Amor, sendo que a Essência-Pensamento de Deus é manipulada pelos Cristos planetários, solares, constelatórios, estelares, galácticos etc. para a criação e manutenção da vitalidade dos mundos.

Nós, seres humanos, que temos consciência de que tudo no universo evolui, estejamos sempre exercitando a dilatação de nossa percepção, plasmando mentalmente as infinitas dimensões progressivamente mais amplas, mais rarefeitas e mais luminosas, considerando que a evolução não tem ponto final.

Vamos ampliar nossos conceitos:

• Em nossas relativas conceituações de dimensões, uma vez que tudo no universo evolui, tenhamos em mente que elas também evoluem, justificando, assim, que, mesmo nas "superdimensões", as verdades continuam sendo relativas, pois obedecem às suas próprias e temporárias unidades de medida, ou seja, as unidades de medida são sempre relativas para cada dimensão.

• Não queiramos definir o indefinido Deus, para evitarmos

reduzi-Lo ao finito homem.

• Tenhamos em mente que o aumento das dimensões, que tem como consequência o aumento linear, superficial e volumétrico, é em função do aumento das frequências responsáveis pelos saltos quânticos gerando as infinitas dimensões.

Ao concebermos que as dimensões são infinitas, conclui-se que os nossos conceitos de verdade são todos relativos, porque só Deus é a verdade absoluta. Vale relembrar que não pode haver criação no Absoluto... Só no relativo, segundo Pietro Ubaldi, em *A Grande Síntese*.

O ser humano, assimilando o conceito de relatividade universal, tem grande possibilidade de iniciar o seu exercício de humildade, principalmente quando se tratar das infinitas concepções sem qualquer definição de Deus. Certamente, deixará de matar seus semelhantes para defender seus teóricos e relativos deuses.

Dessa forma, sem elucubrações mentais, não temos dúvida quanto à criação de os corpos celestes serem atos de amor desempenhados pelos engenheiros siderais, "materializando" o pensamento puro e sem forma de Deus[31].

Pergunta 26: - Será que o indivíduo, ao conceber a relatividade universal do plano material, abandonará a prepotência, a arrogância, a vaidade e sua irmã gêmea a soberba na condução da vida, a ponto de se tornar mais pleno de Deus?

Resposta: – A pessoa, consciente de que o pensamento humano ainda é "matéria", segundo André Luiz, com a evolução espiritual passa a admitir que os planos metafísicos também são relativos, porque as sucessivas dimensões são geradas em função do aumento de suas frequências, pois obedecem ao eterno transformismo, ao eterno vir a ser, ao eterno evoluir. De posse de tal conceito, de imediato a pessoa começa a expandir a sua consciência e, intuitivamente, a atender ao deotropismo de maneira natural e consciente, e assim, gradualmente, se desvincula emocionalmente do poder e do domínio do plano material. O ser humano que, temporariamente, foi possuído pelo ter,

[31] Sobre alguns conceitos referentes às dimensões, vide o capítulo 8 do livro ***A legislação divina***.

em função da dilatação da consciência, vê surgir-lhe um novo impulso íntimo com direção e sentido voltados para os Céus, identificando o ser eterno e imortal que ele o é verdadeiramente.

***

Para nossa reflexão:

• Com a nossa crescente evangelização, vamos mantendo a vida mental progressivamente mais higienizada, pois, sem lixo, o que facilitará acessarmos de nosso mundo íntimo os atributos divinos da onisciência, onipresença e onipotência de Deus latentes em nós. Sabemos que os lixos mentais, gerados por nós em função de nossa prepotência, arrogância, vaidade, soberba, incompreensão para com as fraquezas alheias, ira, inveja, maledicência etc., dificultam a nossa ligação consciente com Deus, além de bloquearem a nossa percepção extrassensorial com os planos espirituais elevados.

• Não há como estabelecermos uma conduta mental única, considerando a heterogeneidade evolutiva da sociedade terrena, mas sabemos que uma tela mental bem polida refletirá com maior precisão as imagens dos raios luminosos advindos da mente divina e incidentes sobre ela.

• É tendência natural os lixos mentais causarem doenças degenerativas nos seres humanos, principalmente quando as atividades na rotina da vida não os projetam para o eternamente novo. Conclui-se, assim, que as paisagens mentais repetitivas, quando de baixo teor energético, são prejudiciais à saúde psicossomática. Isso porque, com ideias fixas ou repetitivas, as demais partes do cérebro sem atividades dinâmicas, sem desempenharem as suas funções, vão perdendo a mobilidade, pois, ficando enrijecidas, ou seja, sem a vital resiliência, uma das causas de doenças diversas, além de acidente vascular cerebral (AVC).

***

Assim, mantenhamos a nossa mente dinamicamente higienizada, povoada com paisagens de amplitude cósmica que expressem sacralidade.

Por sabermos que somos o que pensamos, vamos exercitar, mais uma vez, o despertar de nosso Cristo interno. Para tal, em nosso ensurdecedor silêncio interior, imaginemos ouvindo uma voz que nos diz[32]:

Eu Sou a fluidez do ar que respiras,
E sou o metal que compõe o mundo criado.
Sou a voz do teu acalanto,
A água que mantém a vida,
O pássaro que canta,
O lírio que nasce do pântano,
E o perfume que exala das flores.
Eu Sou o Sol que alimenta a tua vida,
E a chuva a fazer brotar da terra sinais de minha onipresença.
Eu Sou a onisciência da tua razão,
E a onipotência da tua vontade, dos teus sentimentos.
Eu Sou amor.
Eu Sou a vida.
Eu Sou o teu Criador.
Eu Sou Deus.

Com naturalidade e segurança, estaremos, conscientemente, colocando a mensagem evangélica do Nazareno Mestre em nossa rotina mental, para que a engrenagem de nosso cérebro não fique"enferrujada", dificultando a produção e a propagação de neurotransmissores.

É de bom senso relembrar que rotinas mentais podem causar ao humano doenças tais como Alzheimer, Parkinson, inclusive levar o indivíduo ao impactante óbito, devido aos bloqueios nas sinapses, os quais dificultam ou impedem o fluxo da seiva da vida para manter vivo e ativo o cérebro.

Pergunta 27: - Consta, no Evangelho cristão, Jesus ter dito: "Porque onde estiver o vosso tesouro, ali estará também o vosso coração". Será por isso que os terráqueos excessivamente presos ao plano material têm tanta dificuldade para se desapegarem dos tesouros perecíveis?

Resposta: – Devemos ser eternamente gratos aos criadores de mundos, os quais têm servido, através dos tempos, de ponto

[32] Extraído do livro *O fim dos tempos e os discos voadores.*

de apoio aos nossos pés enquanto encarnados, onde aprendemos a arte de interpretar a vida. Mesmo assim, não nos detenhamos neles, pois somos seres cósmicos, temporariamente nos alfabetizando na Terra.

Para o indivíduo encarnado não se apegar aos tesouros temporários do mundo onde estiver estagiando, deve ir treinando plasmar mentalmente as dimensões inconcebíveis pelos sentidos corpóreos, para, motivado pela beleza e magnitude dos planos transcendentes, não criar elos energéticos com os objetos do plano físico, todos úteis, mas de pouca duração para quem comunga com a eternidade.

Quando a frequência mental do ser humano, por evolução espiritual, extrapola os limites do concebível pelos sentidos do corpo biológico e, consequentemente, entra com lucidez nos campos da abstração, o indivíduo deixa de possuir os elos energéticos que o vinculam emocionalmente aos tesouros transitórios da existencialidade. Isso porque, sem negligenciá-los, a sua vida mental já não polariza energias que anelam o espírito aos bens materiais. Ele se coloca emocionalmente apenas como um administrador temporário dos tesouros inerentes ao plano físico, pois a sua principal aspiração é alcançar os planos transcendentes.

No entanto, quando o indivíduo ainda não possui a visão transcendente, consideremos normal ele se apegar aos objetos do plano material, pois é da Lei de Deus que, *onde estiver o nosso tesouro, ali estará também o nosso coração.*

***

Nós terráqueos, devido sermos excessivamente presos ao plano material, temos muita dificuldade para nos desapegarmos dos tesouros perecíveis. Com a evolução espiritual a nossa percepção vai, paulatinamente, transcendendo às dimensões, razão pela qual vamos perdendo os elos energéticos da forma material.

Vamos ilustrar:

É sabido que a mudança de dimensão implica aumento da tríade dimensional linear, superficial e volumétrica em função do aumento da frequência, motivo pelo qual os videntes olham para o mesmo "espaço físico" e veem paisagens diferentes, considerando as várias dimensões metafísicas, o que significa dizer que cada dimensão tem as suas unidades de medida e o vidente tem acesso apenas à sua realidade, ou seja, à sua capacidade de alcance. Se assim não fosse, os videntes, olhando para o mesmo "espaço" delineado pelo plano físico, veriam as mesmas paisagens. Consideremos, então, que são visões metafísicas, cuja profundidade, para ser visualizada, depende da capacidade de alcance do médium vidente de penetrar nas infinitas dimensões formadas no éter cósmico.

Conclui-se, assim, que, com o conceito de que as dimensões evoluem, pois todas são relativas às suas frequências, justifica-se, pelo menos em parte, o fato de nem todos os espíritos encarnados na Terra conseguirem ver os desencarnados e vice-versa. Evidentemente, não se pode negar que existem pessoas que nascem com dons mediúnicos específicos, e a vidência é um deles.

***

Fica transparente para todos nós que a proposta do Crístico Advento para renovar o Cristianismo nos solicita que sejamos operantes, mas dentro de nossos limites, pois compatível com o nosso estágio evolutivo, de modo a que não entremos em devaneios sem sustentação por falta de elemento moral. Nos evangelizarmos é o nosso mister, a fim de não entregarmos os nossos "tesouros" adquiridos com o "suor do nosso rosto" para os astutos representantes de religião, mas que ainda não se graduaram à religiosidade.

***

Leitor companheiro, filho do Deus onipotente! Idealize o plano energético do Cristo-Amor.

Procure sentir o Cristo-Luz em Sua condição de fonte alimentadora da vida do planeta Terra... Faça uma autoimantação com o Cristo-Vida!

Fale com energia-força, com firmeza e com clareza... Fale com o tom de voz de quem é convicto de que é parte do Supremo Criador... De quem é parte não apartada de Deus!

Diga com firmeza e segurança:

Eu, na condição de espírito eterno e imortal, vou conversar com o Cristo, a essência mantenedora da vida terráquea!...

Vou falar convictamente para as células de meus corpos ouvirem e sentirem o meu crístico comando!...

Vou falar com clareza, com força na palavra, para manter a bioenergia de meu corpo em harmonia, pois estou exercitando a medicina holística do autoamor!... Estou exercitando a medicina preventiva!...

Vou desatar as minhas amarras psicológicas, pois sou um espírito livre e, em projeção mental, voarei em direção às fontes de beleza eterna que fluem do Cristo Planetário e banham luminosamente todos os recantos da Terra.

***

Leitor, companheiro de jornada, filho do Inequívoco Absoluto!

Plasme um ambiente compatível para você, em essência espiritual, conviver com uma consciência arquiangélica!... Ambiente que expresse beleza e vida!... Ambiente que identifique a presença de Deus!

Uma vez que somos o que aspiramos a ser, entre você em devaneio crístico. Antes, porém, elabore, com a sua fértil mente, um ambiente que identifique a Pompa Divina e sinta-se amparado pelo Arcanjo Ezequiel... Sinta-se amparado por uma consciência arquiangélica![33]

Vou me imaginar ouvindo Ezequiel, *o Anjo da Transformação. O Anjo do fogo sagrado* meigamente convidando-me a acompanhá-lo ao Templo da Autoiluminação. Comodamente sentados, diz-me o Arcanjo da Transformação:

Filho!

Aqui descobrirás que és verdadeiramente luz!... Que és porta-voz das potestades celestiais!

Por assim ser, quando voltares para a tua dimensão, sobe à tribuna das pessoas convictas e declama um poema de exaltação à vida, convidando o homem terreno a investir com dedicação em sua autoiluminação. Em sua autocura. Descobrir a essência de Deus em si, a sua força interior, o seu eu crístico, o

[33] Extraído do livro *O fim dos tempos e os discos voadores.*

seu Cristo interno.

É preciso que o homem-espécie desperte os divinos atributos de Deus em si... Desperte disposições emotivas e mentais de sentimentos elevados, de puras intenções, de alegria, para elevar a frequência de seus chacras.

Assim, filho! Quando na tribuna terrena, na condição de porta-voz dos Céus, convida uma orquestra composta pelos anjos da música e induz teus ouvintes a vibrarem na opulência dos pensamentos crísticos... A sentirem afinidade emocional com as realidades cósmicas, com as realidades transcendentais, a ponto de reconhecerem que são consciências imortais criadas pelo Senhor da Vida para existirem eternamente no seio do Eterno Pai.

Ainda na tribuna, canta canções de enlevo e transporta os teus ouvintes às altas esferas, onde as músicas são terapêuticas, pois possuem expressões de sublimidade da alma, mantendo-a conectada aos planos indeléveis da harmonia celestial.

Filho!

Sempre que subires à tribuna do plano material, lembra-te de que, entre os que formam as plateias de ouvintes, estarão aqueles necessitados de mais amor... Aqueles sem estímulo para a vida... Aqueles sem vida... Aqueles carentes de Deus... E tu, a todos, fala com o timbre que regurgita o divino latente em todas as criaturas... Fala com a voz que transporta energia-força para despertar consciências... Fala do sagrado com segurança, de tal forma que os teus ouvintes se desarmem, abram seus corações e cantem hinos de louvor aos Céus... Hinos que energizam a alma e recompõem os corpos... Hinos medicamentosos... Hinos que transmitam vibrações de saúde mental e vitalidade corpórea... Hinos que despertem no ser humano mais luz e mais transcendência... Hinos que unam os homens entre si e glorifiquem a Deus.

Graças a Deus!
Amém!

***

Assim, respirando o Hálito da Vida dentro da esfera áurica do Arcanjo Ezequiel, implantei em minha consciência que Cristo é um estado permanente do amor universal. Por conseguinte, agora quero alcançar a Bonança, ou seja, quero sentir a cosmicidade do Cristo Planetário da Terra pelas vias internas de meu coração, pois sei que:

• A Bonança, por não ser trazida ao homem em forma de benesses celestiais nem estar vinculada a crenças, somente é alcançada por ressonância, que, por sua vez, depende da natureza íntima do ser... Depende da afetividade misericordiosa do homem... De sua capacidade inata de interiorizar ações dignificantes, consciente de sua ligação interplanos...

• A Bonança é alcançada com mais profundidade pelo espírito não separatista, cujo magnetismo, emanado em função de sua harmônica maneira de ser, é naturalmente aglutinador de consciências...

• A Bonança é um estado permanente da vibração do Cristo-Amor. Sei que estou embebido na refulgência da aura do Cristo-Pai... Sei que preciso, convictamente, para alcançar a Bonança, alimentar mentalmente a minha ligação vibratória com o Cristo-Amor... Com o Cristo-Vida... Com o Cristo-Bonança.

Agora, sinto fluir de meu coração as divinas exalações do Cristo-Amor... Do Cristo-Bonança. Conscientemente, estou acendendo a minha chama interior... Estou fazendo com que da minha centelha divina, que é o meu eu crístico, surja um incêndio — profusão de luzes do meu interior —, o que me auxiliará no desbloqueio de minhas travas psicológicas.

Como sei que alcançar a Bonança é ouvir sem ouvir a voz do Cristo... É ver sem ver a Sua Luz... Para tal, estou colocando em ordem os meus valores espirituais, aqueles que formam as concorrentes[34] que têm como resultante a minha Força Superior.

Afirmo e confirmo que, vibrando na frequência que a Bonança traduz, estarei sentindo o Cristo... Sei que, quando o silêncio de minha alma se torna um elemento vivo e sagrado, a

[34] Refere-se às seis forças concorrentes que têm como resultante a força superior latente no ser humano. Escreveram as Sagradas Fileiras: "Quando o homem-espécie vivencia as igualdades: Coração de uma única alma = Coração de uma única luz = Coração de um único rei = Coração de um único cordeiro = Coração de um único irmão = Coração de uma única glória = Coração de um único deus, desperta-lhe a força superior, o seu Cristo interno". Extraído do livro Adventos crísticos.

ponto de me afastar dos ruídos do caos, torno-me pleno, interajo com o silêncio do cosmo e sinto o Cristo-Bonança.

Agora, começo a sentir aflorar de dentro de mim a Força-Bonança com mais abundância e, por esta ser manifestação consciente de meu Cristo interno, na mesma proporção dessa conscientização estou entrando em ressonância com o Cristo eterno, com a cosmicidade crística.

A Bonança fala a linguagem do coração ao homem de coração fraterno, solidário, compreensivo para com as fraquezas alheias... Ao homem portador de leveza, suavidade, mansuetude, sabedoria, bondade, portador da voz com o som do acalanto divino... Portador da voz com a essência do Cristo-Amor.

Em assim sendo, estou almejando mais luzes e mais verdades e, com isso, sinto-me impulsionado a buscar o Alto, a buscar o Eterno, a buscar Deus, o que me capacita a despertar a minha Força Superior... Sinto-me falando com Deus.

Neste sagrado momento, a entonação de minha voz é a de uma alma convicta da onipotência de Deus em si. Por isso, falo com a veemência de uma alma liberta... Com a doçura de uma alma que sente a eternidade e, convictamente, estou despertando a minha consciência individual e integrando-me à consciência do Cristo-Pai universal.

***

Neste instante, vou me ligar ao Nazareno Mestre... Àquele que é emanação de todas as verdades, convicto de que o Seu crístico sentimento me conduzirá de graça e de êxtase divino ao plano dos espíritos puros, acendendo em meu peito um clarão de minha chama crística.

Simultaneamente, percebo aproximar-se de mim, mais uma vez, o Arcanjo Ezequiel, que me diz: "O reino de Deus está dentro do homem". Logicamente, por ser o reino de Deus um estado em que o homem se encontra harmonizado com a divindade em si, procure, você leitor, alcançar a Bonança através das notas melodiosas do Cristo, na acústica de seu coração. Sinta-se verdadeiramente capaz, pois *você é o que você pensa, o que aspira a ser, o que você ama.*

Afirme, convictamente, para a Terra e os Céus ouvirem:

Antes de encerrar a minha autoimantação com o Arcanjo Ezequiel, aciono o meu eu crístico e, emocionado com a vida, rendo graças aos Céus.

Rendo graças ao Supremo Pai...

Rendo graças à Suprema Consciência...

Rendo graças ao Autor da Vida...

Rendo graças a Deus.

E, como almejo alcançar a Bonança com mais amplitude, ou seja, como quero sentir o Cristo, de agora em diante me alimentarei com as luzes defluentes do sol de meu eu crístico, as quais iluminam as minhas divinas aspirações e harmonizam o meu cosmo individual em ressonância com o cosmo universal.

Agora, sinto-me metamorfoseado em luzes policromáticas.

Mergulho no meu ensurdecedor silêncio interior e, mais uma vez, ouço a voz do Arcanjo Ezequiel, que me diz: "Sois luzes".

Graças a Deus!

Amém!

***

Você, leitor! Você, que está começando a ter contato com os novos rumos do Cristianismo, imagine-se ouvindo Jesus lhe dizendo:[35]

Filho do Cristo-Pai, o Criador deste abençoado mundo!

Você se encontra contemplando, com a sua capacidade imaginativa, a imensurável criação de corpos celestes realizada pelos engenheiros siderais.

Continue extasiado e em júbilo só em imaginar as obras realizadas pelos espíritos arquiangélicos na imensidão do cosmo.

Para sentir com mais abrangência o pulsar do universo e ouvir a musicalidade da Criação, mergulhe em seu universo íntimo e faça a conexão com o Cristo Criador da Terra... Sinta aflorar ao seu consciente os atributos da Divindade Suprema de que você é portador.

Em ressonância com o Cristo-Pai, você dirá convictamente:

---

[35] Extraído do livro *Os novos rumos do cristianismo.*

— Eu Sou! Eu Sou parte não apartada de meu Criador! Eu não preciso viajar pelo infinito para encontrar Deus, pois Ele está em mim e eu estou Nele!... Não preciso perguntar qual a parte que me compete realizar em Sua obra! Apenas dizer-Lhe com sinceridade: "Senhor! Que seja feita a Tua vontade".

Saúde e paz com a bênção de Maria, nossa Santíssima Mãe e Patronesse dos Adventos Crísticos.

Graças a Deus!

Amém!

***

> Quando se assimila a essência doutrinária do Evangelho, vibra-se em harmonia com o princípio cósmico e sente-se a espontânea vontade de viver a moral cristã, que solicita de nós "amarmos a Deus sobre todas as coisas", ensinamento este que deixa de ser apenas um preceito religioso para se constituir em experiência de Deus. Convictos, então, da onipresença d'Ele, vive-se a ética cristã pela qual "amar o próximo como a si mesmo" é tão natural quanto o automatismo do ato vital de respirar.[36]

[36] Extraído do livro *O evangelho e a lei de Deus*.

Capítulo 10
Somos viajores cósmicos aprendendo a amar na Terra

Pergunta 28: - Segundo Joanna de Ângelis, quanto mais se ama, mais se revitaliza. Assim, a tendência natural, em função de nossa evolução moral, é deixarmos de ter doenças?

Resposta: – A gênese de nossas doenças está em nossa consciência, sendo que, quando infringimos as Leis de Deus, por sermos ainda infantes espirituais, a nossa ignorância serve de atenuante e a dor, além de ser menor, com mais facilidade é eliminada, considerando que, nesse caso, as reações às nossas ações malfadadas não têm o gigantesco "acréscimo" causado pela antivital culpa. No entanto, quando já sabemos o que é certo e praticamos o errado, surge o agravante em forma de culpa consciente gerada por nossa alma, o que exige hercúleo esforço para ser extirpada. Por isso, quanto mais se conhece o que é certo, mas não se o pratica, a dor, além de mais aguda, é transformada, pela maioria da sociedade, em sofrimento, devido à autopunição revestida do remorso, seja de maneira consciente ou inconsciente.

Em sendo a primeira lei da vida "amar a Deus sobre todas as coisas", o espírito terráqueo, durante a atual transição planetária, por causa das hecatombes geofísicas e das avassaladoras desarmonias psicoemocionais, sentirá maior necessidade de Deus, o que o fará manter-se orando e vigiando... Sentirá, indubitavelmente, carência de Deus e, com isso, ele despertará com mais amplitude o seu Cristo interno e elevará a sua frequência mental para, intuitivamente, no ímpeto divino de alcançar dimensões mais luminosas e mais plenas de ondas de amor, sentir-se amparado pela divindade suprema — Deus. Atentemos para as nossas benfazejas emoções ao sentirmos necessidade de Deus. É divinal sentirmos saudade de Deus!

Podemos, então, concluir, agradecendo à irmã dor por seu sagrado trabalho realizado no polimento de nossa alma, uma vez que tudo na Criação tem o ponto e o contraponto. Assim é que, como ponto, a dor nos causa mal-estar, mas, como contraponto, nos conduz à autoiluminação. Concluiremos que, diante da perfeita obra de Deus, além de não haver acaso, todos os eventos são aproveitados pelas leis do legislador em benefício de nossa evolução.

Por conseguinte, na condição de viajores cósmicos aprendendo a amar na Terra, vamos criar o salutar e sagrado hábito de agradecermos a Deus por todos os acontecimentos de nossa vida, pois Ele é a perfeição absoluta e, em Sua obra, não há acaso.

Pergunta 29: - O ser humano, enquanto de ideações circunscritas ao plano concreto, encontra dificuldade para sentir as ondas de pensamentos emitidos pelos espíritos superiores. Em Aquário, o ser humano se empenhará para vislumbrar panoramas mentais mais abrangentes, mais cósmicos, o que lhe facultará exercitar a superconsciência e expandir a sua capacidade de amar?

Resposta: – Naturalmente, partindo do princípio de que tudo no universo obedece ao eterno transformismo, pois, na Criação, todos nós, criaturas de Deus, conhecemos atualmente a Lei da Impermanência... Conhecemos o eterno evoluir.

Enquanto a nossa visão não transcender às formas linear, superficial e volumétrica do plano físico, não conseguiremos identificar, com fidelidade, os campos abstratos dos espíritos em seus infinitos graus evolutivos, uma vez que estes se encontram em dimensões mais rarefeitas, embora também tridimensionais. Isso porque as dimensões são formadas em todo o universo pela trina manifestação linear, superficial e volumétrica com as suas próprias unidades de medida.

Os seres humanos, quando excessivamente cerebrais, pois analíticos e extremamente questionadores, são portadores, em sua grande maioria, de pensamentos restritos ao plano concreto, pois objetivo e palpável, o que os leva a emitirem ondas mentais de baixas frequências, dificultando-lhes exercitarem a superconsciência e, gradualmente, expandirem a capacidade de amar para adquirirem mérito e expressarem amor de amplitude universal.

O indivíduo, ao expandir a sua consciência, aumenta-lhe também a sua esfera áurica, propiciando-lhe identificar "maior área de Deus" nos planos energéticos rarefeitos. Fica claro que os portadores de pensamentos delineados tão somente pelo plano material são, de modo geral, prolixos, e, consequentemente, tal condição é inadequada para a sintética e dinâmica Era do Mentalismo.

Pergunta 30: - A ciência terrena é, predominantemente, empírica, o que lhe garante analisar minuciosamente cada pesquisa para, com segurança, anunciar as suas conclusões, o que, às vezes, demanda tempo. Tal atitude não é válida? E os indivíduos prolixos, aqueles que levam uma "eternidade" para concluírem e expressarem suas ideias, também não são úteis na obra de Deus?

Resposta: – Indubitavelmente, são válidas as pesquisas científicas referentes ao plano material e é preciso que seja assim, pelo menos temporariamente, pois temos pouca evolução espiritual e, consequentemente, ainda não conseguimos pesquisar os planos transcendentes com mais afinco para obtermos resultados com mais clareza. No entanto, mesmo no plano da relatividade em que nos encontramos, sabemos que somos o que pensamos.

Assim, em um devaneio, imaginemos a beleza existente nos planos que transcendem a forma material, visando a não ficarmos presos ao que é concebível apenas pelos nossos sentidos físicos, para que, assim, dilatemos a nossa percepção extrassensorial e penetremos nos sucessivos e ascensionais planos metafísicos.

Tenhamos em mente que é constante universal: à medida que o espírito vai evoluindo, vai se tornando mais sintético quando da expressão verbal ou escrita, considerando que a pessoa, enquanto prolixa, ocupa enorme espaço da memória objetiva com "quinquilharias intelectivas", razão pela qual não consegue se emocionar com as pequenas coisas da vida, além de não exteriorizar magnetismo aglutinador de consciências encarnadas ou desencarnadas ao verbalizar as suas ideias... Não consegue, também, receber de sua plateia de ouvintes encarnados ondas mentais geradas pela empatia, o que lhe seria muito útil. Mas, como na natureza nada se perde, diante de tal circunstância os seus ouvintes vão exercitando a misericórdia do ouvir.

Os ouvintes dos prolixos, mesmo exercitando a misericórdia, o máximo que conseguem é ouvir o som da voz, pois falta a tal expositor o magnetismo necessário para acionar o Cristo interno de encarnados e desencarnados. Justifica-se, assim, o fato de os prolixos encontrarem imensa dificuldade para demonstrarem ternura, carinho, brandura, meiguice, mansuetude e, principalmente, discursarem sobre a essência da vida universal — o amor.

Atualmente, em se tratando de uma fase evolutiva para o espírito se conscientizar de que é eterno e imortal, não critiquemos os prolixos, pois estamos todos em evolução. Além do que, antes de dominarmos o que advenha da essência, é necessário dominarmos com galhardia e humildade os ensinamentos que fazem parte do plano da existência, pois a evolução espiritual não dá saltos. Em assim sendo, convivendo com os prolixos exercitaremos a misericórdia do ver, ouvir e falar, pois, por ser Deus perfeito, os temporariamente prolixos também são filhos d'Ele!

Os indivíduos que possuem um pouco mais de abertura intelectiva, se demonstrarem humildade por natureza e não por convenção social, poderão reconhecer a imensa "distância" entre o conhecimento e a sabedoria, tendo em vista que a sabedoria é o conhecimento transformado em vivência crística. Criaturas desse quilate são naturalmente humildes e não prolixas.

Somos sabedores de que as aquisições transcendentes são por mérito. Na condição de indivíduos que não têm dúvida de que Deus sempre oportuniza a todos para realizarem os seus sagrados anseios, procuremos encontrar meios próprios para nos sentirmos felizes, a ponto de iluminarmos a consciência de nossos semelhantes mais próximos com emanações de nosso festivo coração.

***

Afirme você, leitor! Fale com clareza e convicção para expandir a sua esfera áurica:

Estou exercitando trazer a lume a centelha de Deus que sou e, dessa forma, manter a minha vitalidade corpórea.

Por assim ser, vou permitir que a minha luz interior seja tão abrangente que todos à minha volta se motivem para aquisição da felicidade plena.

Convictamente, mais uma vez eu falo em tom de sacralidade:

— Eu Sou Luz!

— Eu Sou filho da Grande Luz!

— Eu Sou consciente de que, por esforço pessoal e intransferível, a alma vai, passo a passo, conquistando a sua felicidade. Em assim sendo, coloco, no dia a dia da minha vida, música de cunho moral superior... Músicas que me conduzam vibratoriamente às mansões da plenitude. Tenho certeza de que som, cor, luz e perfume funcionam como elementos energéticos multiplicadores de frequências na intimidade da alma.

***

Após acender a minha chama interior, desprendo-me convictamente de meu corpo físico, pois quero visitar os seres humanos que habitam Argos... E, assim, desloco-me para um plano luz imaginário e solicito, humildemente, que Fawcett[37], juntamente com outros espíritos, encarnados e desencarnados, que vivem no interior oco da Terra, me desloquem para aquele salutar ambiente, onde participarei de uma cerimônia que visa ao despertar de meu Cristo interno!... O despertar de meu Cristo-amor!

Antecipadamente, surgem na sagrada ambiência as fadas, com suas varas de condão, aromatizando o ambiente em Argos com essência de lírio, onde eu receberei uma crística unção através do ascensionado Hermes Trismegisto, para melhorar a minha conexão com os deuses do Olimpo, os quais também estão a serviço do Cristo Terráqueo em Argos, no interior oco da Terra.

[37] Coronel Percy Harrison Fawcett, pesquisador inglês, desaparecido no Brasil em 1925, quando pesquisava, objetivando encontrar Ophir, a Cidade dos Brilhantes. (N.A.)

Agora, sim! Agora me encontro em Argos, integralmente lúcido, em meio a uma civilização no interior oco da Terra. Aqui estou em um ritual sagrado com os meus companheiros, também humanos, pois encarnados... Em um ritual de sincronização com a pulsação do plano divino — o plano da plenitude.

Em Argos, estou elaborando dinamismo psíquico crescente... Estou criando pensamentos luminosos... Pensamentos que propiciem uma pulsação rítmica, cujas vibrações uníssonas conduzam os participantes do ritual sagrado ao êxtase divino, de tal forma que todos se fundam ao Todo sem perderem as suas individualidades. Que todos, por ressonância, se unam sem se fundirem ao grande Sol central do universo... Ao Supremo Artífice da Vida — Deus.

Nesse ambiente de luz imaterial, polarizada pelas mentes dos participantes, com cores suaves e variadas, encontro-me dentro de uma esfera, cujo fundo é carmim-rosado, a cor que identifica o amor, o afeto, a plenitude.

Nesse saudável ambiente, percebo, em volição, ondas de pensamentos crísticos. Também sinto os agradáveis aromas espargidos pelas lindas fadas perfumando o santuário para a nossa iniciação, tendo Hermes como nosso instrutor espiritual nesse sagrado evento. Ainda no divino ambiente, evolam ondas sonoras formando suaves cortinas luminosas de fascinante beleza.

Em virtude do magnetismo de teor divino concentrado aqui em Argos... Também, devido aos pensamentos e às emoções aqui reinantes, estou vendo sair de minha essência, de minha alma, suaves ondulações expansivas de teor crístico... Sinto a minha consciência se dilatando... Vejo mais luzes e mais cores... Ouço as melodias dos anjos... Ouço o cântico mavioso do universo... Percebo que o meu Cristo interno está despertando e ampliando a minha esfera áurica.

Sob esse diapasão elevado que a minha mente criou e estando eu em perfeita sincronia com as pulsações das correntes da vida universal, falo com toda a minha força interior... Falo na sagrada condição de parte não apartada de Deus para eu mesmo ouvir e manter a saúde de minha alma e a consequente vitalidade de meu corpo. Falo assim:

— Eu Sou uma centelha imortal criada pela causalidade sem

causa... Criada pelo Supremo Criador... Criada por Deus...
— Eu Sou parte do Senhor da Vida...
— Eu Sou luz, pois fui criado pelo Grande Foco, pela Grande Luz do Universo...
— Eu Sou som, porque faço parte da Melodia da Criação...
— Eu Sou água que tem vontade de dessedentar aqueles que sentem vontade de se saciarem na Fonte da Vida...
— Eu Sou parte do pássaro que canta em nome do Autor do Som e encanta com melodias de enaltecimento à vida...
— Eu Sou lírio a perfumar a vida daqueles que perderam o sentido sagrado da vida...
— Eu Sou sol que aquece consciências e dinamiza a busca da luz interior no homem... Diviniza a busca do conhecimento libertador...
— Eu Sou chuva a fazer brotar da alma de meus semelhantes sinais de esperança, sinais de motivação para a vida...
— Eu Sou amor, pois sou filho da inesgotável Fonte do Amor.
— Eu Sou vida a conduzir outras vidas a buscarem o Autor da Vida...
— Eu Sou construtor de estradas luminosas para a minha trajetória e a trajetória de meus semelhantes...
— Eu Sou um naco do Criador...
— Eu Sou uma fagulha de Deus.

Graças a Deus!
Amém!

***

> Ora, por ser da Lei de Deus que "não se chega à paz sem se passar pela guerra", quem quiser possuir paz verdadeira tem que, primeiro, entender o nobilíssimo papel da irmã-dor, muito valorizada pelo Cristianismo, mas pouco compreendida pelo cristão, como função fundamental de equilíbrio na economia da vida.[38]

[38] Extraído do livro *O evangelho e a lei de Deus.*

Capítulo 11
A expansão do amor em nossa consciência

Pergunta31: - Existem pessoas que, externamente, demonstram amar ao Deus-Criador e aos deuses-criaturas. Por que essas mesmas pessoas, em determinadas situações na trajetória da existência, irrompem em avassaladora fúria, tornando-se irreconhecíveis como seres humanos, com atitudes e ações irracionais? Se tais pessoas almejassem sentir o Cristo, teriam tais condutas?

Resposta: – Na sociedade terrena ainda existem seres humanos camufladores, pois miméticos — aqueles que se transmutam de acordo com as circunstâncias ou com os interesses. É uma fase na evolução espiritual altamente estressante, tendo em vista a luta interior em que vivem tais pessoas, por se tratar de lutas sem adversários.

Analisemos:

• O estado mental em que vivem os que não têm dúvida de que é bom ser bom e, no entanto, têm condutas que contrariam os princípios ético-morais cristãos. Pode-se deduzir que são indivíduos desarmonizados, pois vivem em conflitos íntimos...

• Também aqueles que reconhecem o quanto é magnífico amar a Deus sobre todas as coisas, para terem condições de amarem o próximo como a si mesmos, mas os resquícios de sua herança animal se sobrepõem ao hominal que já são...

• Existem aqueles que trazem de outras vidas fortíssimos resíduos mentais negativos. Outros tantos que, por causa da má formação quando de sua concepção ou durante a infância na atual reencarnação, encontram dificuldades para expressarem amor por falta de modelos advindos, principalmente, de seus progenitores...

• Respeitemos os seres humanos emocionalmente travados por questões diversas, que não conseguem falar sobre amor, devido a angustiantes traumas psicológicos, gerados, em muitos casos, desde a fecundação. São criaturas que necessitam de tratamento psicológico, em que possam fazer uma reprogramação neurolinguística, para se encantarem com a vida, vivendo a sagrada e vital arte de amar...

• Não existe na Lei de Deus um só parágrafo que permita a alguém se cansar de amar...

• Por assim ser, a criatura que anuncia ter se cansado de amar merece o respeito de todos, mas deve ser encaminhada a uma escola espiritualista para aprender a amar de verdade, pois desinteressadamente...

• Quem anuncia que amava e deixou de amar alguém, deve procurar, o quanto antes, um psicoterapeuta de bom nível de moralidade para aprender a sagrada arte de interpretar a vida e dar à sua existência um cunho moral, aprendendo a amar o Deus-Criador e os deuses-criaturas.

Quem já conquistou o patamar evolutivo de amar incondicionalmente, embora a dilatação desse amor não tenha ponto final, não se vincula emocionalmente aos tesouros do mundo, uma das causas das desavenças sociais, pois sabemos que *onde estiver o nosso tesouro, ali também estará o nosso coração.* Daí, o ideal é mantermos como crística aspiração mental a vontade de alcançarmos os Céus, para que, naturalmente, amemos as criaturas da Terra.

Pela lógica, o indivíduo que se intitula portador de amor incondicional, mas que ainda não possui autocontrole, pois, dependendo das circunstâncias, irrompe contra seus semelhantes, é mais didático que ele exercite o silêncio interior e deixe que suas ações, reações e atitudes sejam responsáveis para expressar o seu grau de evangelização e, assim, retratem a sua harmonia íntima, pois a maneira de conduzir a vida falará mais alto do que a sua acanhada, insegura e tímida voz, tendo em vista que, quem não fala a sua verdade, não consegue enganar a sociedade *ad aeternum.* É possível deduzir o estado estressante em que vivem os mentirosos conscientes.

Pergunta 32: - Como amarmos de maneira consciente e sem separatividade, quando, na trajetória da existência, aparecem os percalços dificultando o nosso equilíbrio?

Resposta: – Uma vez que as Leis de Deus são perfeitas, devemos nos concentrar nas mais luminosas paisagens que a nossa mente é capaz de criar e almejarmos sentir Deus — o centro da vida universal —, ao contemplarmos a magnificência das obras realizadas pelos engenheiros siderais no espaço cósmico.

Com tais panoramas mentais, as dificuldades existenciais se tornam irrelevantes, pois os embates fazem parte da Legislação Divina para motivar a nossa evolução e ascensão.

Como seria a nossa vida se:

- Não tivéssemos de lutar para trazer ao consciente os divinos atributos de Deus e, assim, nos conscientizarmos de que, ***em essência, fomos criados à imagem e semelhança d'Ele,*** já que ***ninguém consegue ensinar a experiência que não viveu***, segundo Pietro Ubaldi?...
- Não fizesse parte da constituição divina cada espírito, por esforço pessoal e intransferível, mergulhar em seu mundo íntimo e trazer ao consciente a sua centelha divina, a essência de seu Cristo interno, que palpita nas profundezas de sua alma?...
- Desejássemos eliminar as causas geradoras das dificuldades existenciais sem assimilarmos as lições contidas nos mais suaves e nos mais desastrosos acontecimentos de nossa vida, uma vez que os mundos materiais são escolas para ensinarem os espíritos incipientes a deixarem de ser ***simples e ignorantes***?

Conscientes dessas verdades, não adiantará nos escondermos dos "olhos de Deus-Lei", pois eles são onipresentes. Assim, oremos ao Supremo Arquiteto do Universo pedindo força, coragem e alento divino para, com semblante de plenitude, passarmos por momentos difíceis com sobriedade.

Uma vez que somos portadores da essência de Deus, consciente ou inconscientemente, devemos dar vazão ao empuxo divino que sofremos permanentemente. É o nosso Deus interior atendendo ao chamado causado pelo Deus absoluto. Por isso é que nenhum espírito consegue permanecer eternamente contemplando o vazio existencial, pois, com o tempo, surge a dilatação da evolução e todos passam a "sentir saudade de Deus".

***

> Por conceber Deus como o Todo Absoluto, o homem procurará divinizar as suas ações, porquanto perceberá que a Essência do Deus-Totalidade está também imanente na individualidade de cada criatura. Em assim sendo, ele ama o próximo como a si mesmo, uma vez que ninguém consegue amar o que não conhece.[39]

***

Pergunta 33: - Caso a alma seja de pouca experiência com Deus, o mais comum é ela passar por cada breve reencarnação dedicada ao nada, ao vazio existencial, pois sem aspiração à transcendência. Certo é que muitas criaturas passam bom percentual do tempo anestesiadas, pois, cuidando da estética do corpo perecível, em detrimento da alma eterna que nele habita. O que leva pessoas desse naipe à autoidolatria ou ao narcisismo, se a finalidade suprema da vida é amarmos de maneira incondicional a tudo, a todos e ao Todo, enquanto na trajetória de nossas vidas rumo ao infinito?

Resposta: – Realmente, existe um bom percentual de seres humanos que vivem espiritualmente anestesiados e, com isso, não dão um passo rumo aos Céus. Procuram, constantemente, melhorar a beleza do corpo temporário, em detrimento da beleza e da saúde da alma eterna e imortal, o que poderá ser considerado por muitos como natural, uma vez que o ser humano possui o seu sagrado livre-arbítrio.

O ideal para nós, alunos de uma escola primária em transição para uma escola secundária, é:

• Suavemente, pois sem martírio, que possamos ir refletindo quanto ao sentido sagrado da vida biológica, para darmos mais atenção à nossa beleza ético-moral, sem negligenciarmos, evidentemente, a nossa beleza corpórea e a nossa saúde psicoemocional. Naturalmente, além de evitarmos a estressante vida mental cheia de futilidades e vazia de nobres aspirações trans-

---

[39] Extraído do livro *Retorno consciente para Deus.*

cendentes, não estaríamos ensejando fortíssimas obsessões, devido à baixa frequência que tais condutas nos propiciam...

• Mantermo-nos atentos para não perdermos a nossa harmonia íntima em função da naturalíssima decrepitude, pois, quem vive freneticamente cultuando o corpo, demonstra não ser espiritualmente saudável, podendo perder de maneira mais acelerada a vitalidade psicoemocional-corpórea em função da falta de impulso íntimo mantenedor da saúde da alma eterna e imortal. Isso porque, pelo menos com o avanço da idade biológica, todos nós encarnados, por caminharmos rumo à erraticidade de maneira mais acelerada, deveríamos exercitar com afinco a bioenergia ***da misericórdia do ver, ouvir e falar***, atitude que demonstra vitalidade da alma...

• Procurarmos um gabaritado psicoterapeuta para nos tratarmos. De preferência, que o profissional conheça a Legislação Divina, a fim de ter condições para orientar seus pacientes quanto à vida depois da vida e, também, como serão as suas vidas e os seus corpos nas próximas reencarnações, em função da autoidolatria em sua atual existência. Nesses tratamentos, os terapeutas não devem deixar de incluir nas avaliações os estigmas negativos que os espíritos possam ter trazido de vidas anteriores, os quais poderão dificultar o bom andamento da vida atual. Busquemos o equilíbrio entre a existencialidade temporária e a essencialidade eterna.

A criatura, ao se conscientizar da eternidade e da imortalidade do espírito, procura dar sentido crístico à sua vida espiritual e, com tal atitude, a corpórea passa a ser secundária, porém sem desprezá-la, pois, sabe que a sua saúde biológica depende de sua saúde psicológica.

Em assim sendo, cuidemos de nosso corpo na condição de santuário sagrado de nossa alma, mas sem exageros, considerando que somente a crescente beleza do nosso espírito é eterna.

O culto exagerado ao corpo torna a pessoa, com o avanço irreversível da idade, insaciável, podendo ser abandonada pelo bom humor e pela alegria íntima de viver, além de adotar a autopunição consciente ou inconscientemente e, assim, perder o sentido sagrado da vida, tornando-se uma criatura áspera, amarga, pois sem a alegria de viver bem-humorada, além de não possuir a misericordiosa voz do acalanto, o que significa suicídio a curto ou a longo prazo por falta de aceitação às mudanças naturais e comuns a todos nós.

***

Você, leitor!

Imagine-se participando conscientemente de uma corrente em favor do planeta Terra, com espíritos das altíssimas hierarquias. Idealize, mentalmente, você, junto com milhões de consciências angélicas e arquiangélicas, envolvendo o globo terráqueo em uma esfera de luz branca.

Sem economizar a sua capacidade crística, abrangente e luminosa de imaginar, sinta-se criando, com a sua condição moral, ambientes com belezas paradisíacas.

Agora, fale com o magnetismo da convicção!... Fale em voz alta e clara, tendo a certeza de que vai motivar seus semelhantes a saírem das rotinas mentais, de seus cativeiros psíquicos.

Pense com clareza e diga com firmeza:

Com panorama mental de nível superior, aciono o meu Deus interior... Aciono o meu Cristo interno e imagino a humanidade de mãos dadas, compondo uma corrente protetora que envolva toda a Terra... Uma corrente em que a Terra esteja embebida em uma auréola de alvura lirial.

E, em um gesto de preservação à vida, todos louvando o Senhor da Vida... Todos emitindo pensamentos luminosos, que transformam a Terra em um santuário sagrado, que fazem brotar por todos os poros da Terra chamas violetas, que diafanizam a psicosfera da Terra, a ponto de a humanidade sentir-se no Templo do Amor.

Nessa ponte entre a Terra e os Céus, faremos a assepsia de nosso orbe e, gradativamente, tudo mudará em nosso planeta. Verdadeiramente, tudo será energeticamente modificado — mineral, vegetal, animal e hominal... Tudo que é vida na Terra será positivamente alterado.

Não temos dúvida de que, gradativamente, iremos modificando os campos energéticos em torno da Terra... Elaborando novos estados mentais de sublimidade à vida para envolver a sociedade... Pontilhando a psicosfera com formas de pensamento que ensejam fraternidade, solidariedade e compreensão.

Consequentemente, o humano terreno sentir-se-á banhado pelo raio verde... o raio da beleza... o raio da poesia... o raio da esperança por uma Terra transformada em um santuário sagrado e consagrado à vida — Deus.

Diante de tais condições mentais, imaginemos a humanidade concentrada, idealizando mentalmente a simultaneidade das energias em movimento centrífugo (saindo do interior da Terra) e centrípeto (chegando à Terra, advindas do recôndito Eu do Universo)!... Imaginemos a transfusão angélica de energias em benefício do nosso habitat!

Ainda em benefício da Terra, nosso santuário sagrado, criemos a seguinte figura:

Um sol no centro do universo... Um sol tão grande que ilumine todas as galáxias na imensidão do cosmo.

Aqui na Terra, na linha do Equador, abramos um gigantesco portal circular que dê passagem para o interior oco da Terra.

Imaginemos nós, os espíritos terrenos, encarnados e desencarnados, no núcleo oco da Terra em companhia dos argosianos.

Junto conosco, milhões de milhões de anjos.

Idealizemos, mentalmente, o sol central do universo de nossa imaginação, após se comprimir, penetrando pelo portal circular da linha do Equador.

Agora, todos nós terrenos, junto com milhões de milhões de anjos, querubins, serafins e arcanjos, pronunciando convictamente, em som crescente, o mantra sagrado, a palavra sagrada e consagrada à vida: Deus! Deus! Deus! Deus! Deus! Deus! Deus!

À proporção que vamos pronunciando o mantra sagrado Deus, o sol concentrado no interior oco da Terra vai se expandindo e começam a sair à superfície, por todos os poros da Terra, raios luminosos do sol que nós criamos.

A massa terrena está sendo bombardeada de dentro para fora por jatos de luz do sol em expansão... Por jato de luz do nosso sol imaginário.

Mais luz! Mais luz! Mais luz! Mais luz! Mais luz! Mais luz! Mais luz!

Já não conseguimos mais ver a Terra, pois tudo é luz.

Estamos vendo agora uma bola de luz, um magnífico bólido de altíssima luminosidade... Estamos vendo a Terra incendiada pelo fogo sagrado, o fogo vivificador...

Estamos vendo a Terra luminosa volitando no espaço e irradiando luzes advindas de seu interior oco.

É magnífica a mente humana!... É magnífica a sua capacidade de criar paisagens que exaltem a vida e o Autor da Vida.

Graças a Deus, nosso planeta ressuscitou!

Nosso planeta está salvo, pois estamos respirando o Hálito da Vida — o amor!

Graças a Deus!
Amém!

***

> A mensagem do Evangelho, em sua veracidade da Lei Suprema, por ser progressista e eterna, é assimilada de maneira lenta, mas segura, a fim de que cada experiência evangélica vivida pelo homem-espécie seja aquisição eterna para o espírito imortal.[40]

[40] Extraído do livro *O evangelho e a lei de Deus*.

Capítulo 12
Amar o próximo como a si mesmo

Pergunta 34: - Em sendo a segunda lei do Criador — "Amarás o teu próximo como a ti mesmo" —, como medirmos o grau de amor que já sentimos por nossos semelhantes?

Resposta: – Comecemos por avaliar o quanto nós nos amamos, uma vez que somos portadores de nosso Cristo interno, de nosso Cristo-Amor, conscientes de que o amor que demonstrarmos sentir por nossos semelhantes é da mesma graduação do amor que despertamos de nosso íntimo.

Sabemos que não há castigo na Legislação Divina. Em assim sendo, os momentos difíceis pelos quais passamos, em função da convivência social, familiar ou de qualquer outra natureza, servem para despertar com mais abrangência a centelha de Deus existente em nós, o que nos leva à convivência fraternal com os diferentes e com as diferenças. Assim, portadores de tal nível de compreensão, de maneira naturalíssima amaremos o nosso próximo como a nós mesmos.

***

Para nossa reflexão:

• Somos portadores do "gene de Deus", pois fomos criados, *em essência, à Sua imagem e semelhança.* Daí, tudo que expressa sacralidade ressoar positivamente em nosso âmago, nos motivando para seguirmos a *Luz do Mundo* — o Nazareno Mestre —, nosso muito amado Anjo Planetário. Eis, portanto, o motivo para nós, consciente ou inconscientemente, aspirarmos a conquistar méritos para adentrarmos os pórticos celestiais. Esse sutil deotropismo é fenômeno natural latente em todos os espíritos, pois somos *filhos pródigos* em potencial desde que fomos criados por Deus.

• Na fase evolutiva em que ainda nos encontramos, consideremos normal, pelo menos temporariamente, a luta acirrada do espírito terreno no plano da imanência, dedicado às conquistas externas e transitórias. Devido à nossa miopia por falta de evolução moral, ainda não possuímos olhos para enxergar com clareza, à longa distância, as maravilhas que nos aguardam nos planos da transcendência.

• É da natureza do ser humano aspirar, intuitivamente, à conquista dos Céus, por sermos portadores do "gene de Deus", mas, tenhamos em mente que, enquanto não estivermos harmonizados com os nossos semelhantes, amando-os como a nós mesmos, continuaremos desencarnando e reencarnando nas muitas moradas do universo para nos evangelizarmos. O bom senso nos leva a compreender que, quem ainda se ama pouco, não tem condições para amar os seus semelhantes de maneira incondicional.

Assim, para termos noção quanto ao grau de amor de que somos capazes de sentir por nossos semelhantes, o ideal é nos desarmarmos e fazermos uma autoavaliação para evitarmos as influências do universo fora da nossa consciência, pois, indubitavelmente, conhecemos as nossas virtudes e as nossas fraquezas, vez que, quem não se ama não tem evolução espiritual para amar seus semelhantes.

Uma vez que um pedagogo sideral a serviço do Cristo terráqueo da hierarquia do Nazareno Mestre trouxe para a humanidade a mensagem evangélica para nos orientar, nos esforcemos para aplicar em nossas experiências os exemplos deixados por Ele em ações, reações e em Suas magníficas pregações, pois não é suficiente nomearmos o Sublime Anjo nosso guia e modelo, se não incorporarmos à nossa vida o Seu misericordioso exemplo. Por assim ser, é bom e salutar darmos atenção à nossa ascensão humana, mas sem negligenciarmos a nossa ascensão moral.

Pergunta 35: - Por que, exatamente em um momento tão complexo como o que estamos vivendo, a espiritualidade superior que coordena a vida na Terra apresentou a proposta para renovar o Cristianismo, ou seja, para renovar o cristão,

considerando-se o quanto é difícil manifestarmos amor por nossos semelhantes, quando nós mesmos estamos em grandes conflitos íntimos, devido não só à nossa pequenez moral como também em função da desarmonia dos espíritos que estão na psicosfera da Terra, causando-nos parasitose neste momento apocalíptico?

Resposta: – Já tratamos desse item em outra oportunidade. O espírito, caso seja um pouco mais lúcido quanto ao sentido sagrado das existências, durante a sua preparação para reencarnar é didaticamente orientado no sentido de aproveitar da melhor maneira possível a divina oportunidade de mais uma vida no plano material. No entanto, corporificado, valendo-se de seu livre-arbítrio, ele poderá alimentar a sua vida mental aspirando a sentir, progressivamente, a Fonte da Vida — Deus —, ou permanecer atrelado ao vazio existencial e não se dedicar à busca do conhecimento libertador. Com a dor e as agruras provindas dos fenômenos naturais em curso na Terra, tão comuns nos fins de ciclos, além de o ser humano se sentir incapaz para se defender, por não existirem adversários, vê-se fortemente atraído pelas correntes de pensamentos formadas em torno da Terra por espíritos de baixíssimo teor moral. O momento, realmente, é para vivermos orando e vigiando. Caso ele tenha atingido o reino hominal há poucos milênios, os Céus ainda não fazem parte de suas aspirações.

Avaliemos quanto ao lado positivo do momento planetário, ao considerarmos que, em toda a Criação, existe o ponto e o contraponto, ou seja, o positivo e o negativo em todos os acontecimentos:

- Quanto à sacralidade da dor, despertando consciências letárgicas, a consciência daqueles que não se dedicam à busca do conhecimento para se libertar das reencarnações compulsórias! Oremos por eles, pois é nosso dever cristão...
- Também a incerteza que sente o ser humano quando reflete e conclui que nada lhe garante se continuará encarnado. Daí a necessidade de não nos dedicarmos somente às conquistas externas, mas, pelo menos, nos determos no equilíbrio entre a existência temporária e a essência eterna que somos!...
- Pela lógica, com empenho e galhardia, deveríamos ter em

cada reencarnação momentos de reflexão e, conscientemente, nos dedicarmos na assimilação da mensagem do Cristo trazida ao nosso mundo pelo Sublime Anjo Planetário — Jesus de Nazaré — e, assim, darmos sentido crístico à nossa vida enquanto encarnados.

Certo é que os momentos de nossas dificuldades existenciais podem ser altamente proveitosos, porque, com os embates, surge em nosso universo íntimo a necessidade de mais verdades, mais luzes e mais Deus, o que poderá nos causar mudanças substanciais na condução da vida e, assim, darmos sentido crístico à nossa diminuta existência. Por assim ser, os momentos de transição planetária são, psicologicamente, adequados para acelerar positivamente as nossas transformações íntimas.

Pergunta 36: - Como é difícil para uma sociedade primária colocar o amor incondicional no dia a dia da existência, mesmo já vislumbrando novos horizontes para a Era do Mentalismo! Em quais aspectos Aquário vai colaborar para que tais mudanças aconteçam com os humanos terrenos?

Resposta: – A tendência natural, em função de nossa evolução espiritual, é acompanharmos a evolução do universo à nossa volta como um todo, que, por ser dinâmico, não permite que fiquemos contemplando o ontem com nostalgia infrutífera, considerando o eterno transformismo da Criação, pois os iluminados e luminosos planos superiores nos aguardam. Entretanto, tenhamos em mente que eles são conquistados por esforço próprio, através do conhecimento libertador transformado em vivência. Tenhamos em mente, também, que a Lei da Impermanência não nos faculta a estagnação eterna.

Aquário impulsionará:

• Na dilatação da percepção sensorial e extrassensorial de todos os nossos sentidos metafísicos, o que nos propiciará, dentre outras maravilhas, ouvirmos as meigas e harmônicas vozes dos espíritos angelicais que habitam as mansões celestiais...

• A nossa sensibilidade psíquica, a ponto de ouvirmos com mais clareza as vozes dos espíritos ascensionados, aqueles que, por evolução, já não têm energia-força para as disputas de poder de qualquer natureza... Aquelas disputas que, embora temporárias, identificam a nossa pouca evolução moral e nos atrelam ao plano material...

• O espírito terreno encarnado para se empenhar no sentido divino de despertar o seu Cristo interno. Isso demonstrará maior grau de lucidez espiritual, mas é notório que a maioria da sociedade, mesmo conhecendo teoricamente as Leis de Deus, ainda se detém nas questões corriqueiras da vida comum no plano dos corporificados, dificultando as grandes e luminosas inspirações advindas dos planos espirituais superiores.

Em síntese, na Era de Aquário seremos, paulatinamente, mais empenhados nas causas nobres, aquelas que emocionalmente nos projetam para a eternidade-luz e nos motivam às aquisições morais, visando a que, em nosso ensurdecedor silêncio interior, ouçamos a trovejante voz de Deus através de Sua Criação.

Outro salutar aspecto latente em nossa alma e que gradativamente despertaremos durante o percurso da Terra no signo de Aquário, a Era do Mentalismo, a era do despertar de nossa Força Superior, será a nossa conscientização em definitivo quanto à imortalidade e à eternidade do espírito. Com tal grau de lucidez, venceremos o avassalador medo da morte corpórea e, com isso, seremos mais saudáveis biológica, emocional e espiritualmente, além do bom humor que fará parte de nossas vidas, mesmo quando a decrepitude estiver sorrateiramente nos visitando, a partir dos 49 anos de idade.

***

Uma vez que a finalidade sagrada deste livro é trazer a lume a centelha de Deus de que somos portadores, você, leitor, faça um crístico exercício de autoimantação com o Arcanjo Samuel, o ***Anjo do Amor***, o ***Anjo da Adoração a Deus***, e fale com a sua energia-força... Fale com convicção, afirmando e confirmando:

Eu sou vida![41]

Por eu ter certeza de que sou vida, vou falar do eterno transformismo do universo no dia a dia de minha vida...Vou

[41] Extraído do livro *O fim dos tempos e os discos voadores.*

falar do eterno vir a ser. Com tal postura mental, exercitarei a minha superconsciência para o meu refazimento. Falarei com segurança e com voz em bom tom... Com voz clara e firme, direi:

— Eu Sou beleza moral...
— Eu Sou claridade fraternal...
— Eu Sou sol a estimular os meus semelhantes...
— Eu Sou portador do hálito vivificador...
— Eu Sou a voz do acalanto...
— Eu Sou a água que mantém a vida...
— Eu Sou criação do meu Criador.

Sou consciente quanto à assertiva: "somos o que amamos". E, como ninguém ama o desconhecido, vou mergulhar em divino devaneio para exercitar o dilatar de minha percepção extrassensorial amparado pelo Arcanjo Samuel, o que despertará em mim um pouco mais dos atributos de Deus, aumentando, consequentemente, a minha capacidade de amar...

Vou fazer uma viagem pelo cosmo contemplando a obra de meu Deus. Nessa cosmovisão, vou vislumbrar as partes contidas no Todo — no Supremo Arquiteto do Universo.

Estou viajando com o Arcanjo Samuel pelo espaço sideral e já começo a perceber a simultaneidade da integração e da desintegração natural das galáxias.

Observo como os corpos celestes são povoados por bilhões de bilhões de pessoas.

Em torno dos astros, percebo outros tantos bilhões de bilhões de espíritos desencarnados.

Dirijo-me agora para o centro do universo e, em uma visão panorâmica de 360º, contemplo a obra do meu Criador e entro em êxtase divino diante de tal magnitude...

Vejo, com *olhos de lince*, bilhões de galáxias balouçando no universo. Em cada galáxia, vejo bilhões de estrelas...

Olhando para o todo, vejo trilhões de trilhões de estrelas faiscando no cosmo.

Tudo é obra realizada pelos prepostos de nosso Deus...

Tudo é obra dos engenheiros siderais a serviço da vida...

Tudo é obra para encantar a nossa vida.

Extasiado, reflexivo, inebriado pela essência da vida, pergunto-me:

— Que é Deus?

— Que é a Causa sem causa de toda esta apoteose que os meus olhos veem na imensidão do universo?...

— Que é o maestro desta harmônica orquestra balouçando no espaço sideral?...

— Que é que compôs a sinfonia que ouço e que evola pelo infinito?...

— Em que ponto do universo fica o Supremo Maestro com a sua batuta dourada, para orquestrar a sua Criação?...

— Que é Ele para estar presente em tudo, em todos e no Todo?

Oh, meu Deus!

Quero, neste passeio imaginário, imantar-me para despertar os vossos atributos em mim... Tornar-me mais consciente de vossa presença em minha vida, em meus atos...

Eu quero descobrir a arte de interpretar a vida, a ponto de ter condições para refletir para o mundo a imagem Daquele que é a ***Luz do Mundo, o Sal da Terra***, o anjo guardião da humanidade terrena — o Nazareno Mestre.

Meu Deus!

Oh, Supremo Pai!

Responde para mim: que sois?

Filho!

Eu Sou a vida...

Eu Sou a vida que vês e a vida que sentes...

Eu Sou os teus olhos, olhando para mim através de minha Criação...

Eu Sou os teus ouvidos, ouvindo a sinfônica orquestra do universo criado que Sou...

Eu Sou a tua voz, quando falas para enaltecer a vida que Sou...

Eu Sou a tua mão, quando afagas outras mãos, quando dás a mão aos decaídos...

Eu Sou os teus pés, quando caminhas para levares a mensagem daquele que também é caminho, também é verdade e também é vida.

Eu Sou o pão da vida, e a vida nele contida...

Eu Sou o ar que respiras, e Sou aquele que respira o ar...

Eu Sou a água que sacia a tua sede, e Sou a sede que tens de te saciares em mim...

Eu Sou o verde que desperta em ti a esperança pela paz mundial...

Eu Sou a esperança que alimenta a tua fé...

Eu Sou o Autor da Vida...

Eu Sou Deus.[42]

Graças a Deus!

Amém!

***

> A proposta evangélica, embora trazida ao mundo pelo mais puro dos homens, já foi vivenciada por outros tantos homens que representaram Jesus... Homens que conseguiram refletir a imagem do Nazareno Mestre e ensinaram Suas lições de amor... Seres humanos de intenções nobres que, auxiliados mediunicamente por espíritos dos planos luminosos, deram excelentes contribuições à conscientização da humanidade quanto ao sentido sagrado da vida enquanto seres encarnados.[43]

[42] Extraído do livro *A arte de interpretar a vida.*

[43] Extraído do livro *O evangelho e a lei de Deus.*

Capítulo 13
O divino transformismo evolutivo rumo ao infinito

Pergunta 37: - Uma vez que somos portadores do natural e divino transformismo evolutivo, por que arbitramos por dificultar a nossa trajetória rumo à transcendência?

Resposta: – Desde que fomos criados por Deus na condição de mônadas, temos, em latência, os Seus divinos atributos. Assim é que, mesmo portadores que somos do natural impulso divino intrínseco à nossa alma para retornarmos à nossa divina origem, a princípio inconscientemente e, com a evolução, conscientemente, ao nos graduarmos ao reino hominal despertamos o nosso livre-arbítrio e, consequentemente, passamos a ser responsáveis por nossas ações, por nossas escolhas.

Sabemos que, na escala da evolução, estagiamos durante longo período no reino animal. Atualmente, mesmo estando no reino hominal, embora conscientes de que somos portadores dos atributos divinos em nosso âmago, e que deveremos, paulatinamente, despertá-los por esforço próprio, se a ancestralidade que herdamos do animal que fomos estiver predominando sobre o hominal que somos, consideremos normal o ser humano que ainda não se dedica à aquisição de valores que o conduza à transcendência. Por enquanto, pela falta de evolução moral, ele ainda não atende ao empuxo divino causado pela Causalidade sem causa — Deus.

Para caminharmos conscientemente rumo ao infinito sem oscilarmos, devemos:

- Estabelecer diretrizes bem definidas em nossa mente, tendo um ponto focal a ser alcançado, convictos de que, quando o propósito é nobre, o universo conspira positivamente a nosso favor...

• Exercitar a nossa superconsciência, elaborarmos um passeio volitando solenemente pelo cosmo, contemplando a esplendorosa obra dos engenheiros siderais, respirando o prana puro em meio ao universo estelar...

• No dia a dia, alimentarmos a nossa vida mental com paisagens aguçadoras de nossos divinos sentidos, de forma que entremos no automatismo de ficarmos blindados por uma expressiva esfera áurica que identifique a policromia divina.

Tenhamos em mente que, quem arbitra por dificultar a sua trajetória rumo à transcendência, o faz porque ignora a realidade das dimensões no universo de Deus. Tal atitude, necessariamente, não é gerada pela maldade da pessoa, mas por sua ignorância quanto à realidade da vida universal.

Pergunta 38: - Embora tenhamos conhecimento de que a vida é eterna, como nos empenharmos na assimilação quanto ao divino transformismo evolutivo rumo ao infinito, já que a evolução moral não tem ponto final? E as criaturas que têm medo de enfrentarem tudo que for novo, como ficam diante da Lei da Evolução..., diante do proposto pelos Adventos Crísticos?

Resposta: – Comecemos avaliando se já conseguimos dar cunho moral à nossa existência, observando a nossa relação social, pois, atentando para a convivência com as demais criaturas, demonstraremos a nossa relação com o Criador.

Aqueles que encontram dificuldades para conviver com as mudanças naturais da vida, uma vez que a evolução é uma constante universal:

• Devem criar o sagrado hábito da gratidão por tudo, principalmente pela oportunidade de mais uma reencarnação na Escola Terra para evangelizar-se, sabendo que a Lei de Deus não permite a estagnação eterna do espírito imortal que somos...

• Demonstram infantilidade espiritual, por não aceitarem as mudanças naturais no decorrer da vida que obedecem à Lei da Evolução. Em compensação, levam seus semelhantes mais próximos ao exercício da misericórdia, convivendo com pessoas que ainda não aspiram à evolução para ascender e transcender a forma material...

• Ao concluírem que as mudanças naturais fazem parte da vida existencial, pois comungam com o eterno vir a ser, não sofrem de misoneísmo[44], doença da alma que emperra a evolução espiritual.

O bom senso nos conduz a concebermos que o Supremo Legislador não alterará suas perfeitas leis para atender aos discordantes quanto ao divino transformismo evolutivo rumo à eternidade.

Aqueles que admitem a perfeição de Deus devem declamar poemas de amor à vida e ao Autor da Vida, em gesto de gratidão pela oportunidade de estarem encarnados neste sublime orbe em momento tão especial de transição planetária... Momento em que milhões de espíritos poderão dar excelente salto qualitativo nas aspirações transcendentes, devido aos embates naturais que serão causados em função da verticalização do eixo da Terra em relação ao Sol.

Por já concebermos que somos imortais, pois a vida é eterna, nos empenhemos na assimilação da Legislação Divina, para, em ato contrito de fé, subirmos à mais alta montanha de nossa fértil imaginação e, de lá, olhando para o horizonte com sua esplendorosa pujança de luzes, belezas e verdades, cantarmos hinos de gratidão ao Cristo criador da Terra pelos dons sagrados que temos de ***ver, ouvir e falar com misericórdia, os três sentidos do consentimento divino.***

Pergunta 39: ***- Uma vez que Deus é presente em todas as fagulhas de vida, qual deve ser a nossa melhor conduta para merecermos que Ele desça para nos socorrer em nossas aflições?***

Resposta: – Deus não desce nem sobe... Não vai nem vem... Ele É permanentemente presente onde haja vida, pois não existe vida sem Deus e não existe Deus sem vida. Podemos concluir que Deus é a própria Vida.

Na sequência de nossa evolução espiritual:

• Passaremos a zelar pela nossa vida como quem zela por uma pérola preciosa de inestimável valor moral, com a perma-

[44] Aversão ou desconfiança em relação a mudanças; hostilidade para com o novo. Fonte: Dicionário Antonio Houaiss de Língua Portuguesa (versão on line).

nente vibração de gratidão a Deus por mais uma oportunidade de estarmos matriculados no plano tangível. Com isso, a nossa conduta será exemplar, pois respaldada na síntese de todas as verdades — o Evangelho do Nazareno Mestre...

• Abraçaremos nossos semelhantes com o calor da vida, pois conceberemos que somos todos unos com Deus...

• As ondas de nossa voz volitarão no espaço cósmico, transportando o som do acalanto divino, pois estaremos conscientes de que somos porta-vozes de Jesus — o Porta-Voz do Cristo Terráqueo.

Por ser constante universal, à medida que o ser humano vai evoluindo, naturalmente vai se integrando mentalmente às dimensões rarefeitas, cujas elevadas frequências identificam ondas de puro amor de cunho universalista. A sua Vontade, na condição de atributo de Deus em si, passa a alcançar conscientemente a plenitude do amor incondicional, o que lhe propicia, emocionalmente, ir se distanciando vibratoriamente do plano transitório da existencialidade, sem, evidentemente, negligenciá-lo, pois lhe serviu de ponto de apoio para os pés durante os milênios em sua trajetória evolutiva, razão pela qual ele passa a ser eternamente grato ao reconhecer a bênção que é frequentar as escolas do plano material, acompanhando o divino transformismo evolutivo do espírito eterno e imortal rumo ao infinito.

***

Afirme você, leitor, com a plenitude de seu ser!... Fale com a entonação de um porta-voz dos anjos celestiais... Diga com convicção:

Para manter o biorritmo de meus chacras harmonizados com as Leis do Criador, eu, com as asas da imaginação, vou voar pelo cosmo cantando hinos de gratidão ao Autor da Vida, a fim de permanecer com a minha mente luminosamente ativa, mantendo, como consequência, a minha vitalidade psicossomática. Evitarei, assim, criar lixos mentais.

Vou me concentrar no Autor da Vida e, sem temores, vou volitar.

Ao plasmar a minha viagem imaginária pelo infinito, já sinto a bioquímica de meu corpo sendo positivamente modificada... Sinto brotando do meu interior uma energia-força... Sinto os meus chacras, os meus corpos energéticos e material mais acelerados, com mais dinamismo, com mais brilho, com mais vitalidade.

Agora, vou fechar os olhos do meu corpo e dar um voo pelo recôndito Eu do Universo, acompanhando o Arcanjo Samuel. Na ida, vou observando com os olhos da imaginação a magnificente obra do meu Pai! Quando no percurso da volta, respirarei conscientemente o puro Hálito da Vida na dimensão dos anjos! E, quando eu pousar na Terra, além de imantado com as benfazejas energias do Cristo-Pai, me sentirei um cidadão cósmico, temporariamente sendo evangelizado aqui na Terra. Assim, pouco a pouco, descobrirei o sentido sagrado da vida e me ajudarei, pois o universo conspirará natural e luminosamente a meu favor.

Neste instante, imagino-me no plano nirvânico ouvindo o Arcanjo Samuel, o ***Anjo do Amor***, o ***Anjo da Adoração a Deus***, falando à filigrana do meu espírito. Diz-me Samuel:[45]

— Amor é a suprema ciência da vida!...

— Amor é alimento sagrado para a alma e para o corpo...

— Amor é Deus Totalidade presente nas individualidades...

— Amor é vida para alimentar os vivos...

— Amor é fonte de água cristalina e pura a dessedentar os filhos do Autor da Vida...

— Amor é som produzido pela voz do acalanto...

— Amor é música advinda da orquestra sinfônica do Cristo Cósmico...

— Amor é essência que dulcifica a voz dos seres plenos...

— Amor é energia a impulsionar a alma para as crísticas aspirações...

— Amor é a manifestação eterna de Deus em tudo criado...

— Amor é Deus no homem cantando canções com mensagens de sacralidade...

— Amor é calor da chama Crística da alma que fala pelo coração...

— Amor é sol vivificador...

— Amor sou eu, pois sou filho do Cristo-Amor... Sou filho de Deus-Amor.

---

[45] Extraído do livro ***O cristianismo renovado***.

***

Você, leitor, fale um pouco mais com Deus! Diga-Lhe:

Ah, meu Deus!

Como é confortador pensar nas coisas sagradas!

Nesse passeio com o Arcanjo Samuel, observo que estou libertando o Sopro Divino em mim...

Estou acendendo com mais amplitude a minha chama crística...

Estou sentindo verdadeiramente que sou luz, que sou parte da Suprema Consciência...

Com a minha mente, estou identificando, de maneira mais plena, o Criador em meu âmago...

Na mesma proporção que vou sentindo o calor divino, o calor da fé no Cristo Cósmico, também vou deslanchando... Sinto que vai brotando do meu interior a chama da vida... Vai surgindo a minha autoiluminação...

Com a minha alma sintonizada com a frequência identificadora da plenitude, estou despertando em mim a potente energia-força da Vida... Estou despertando mais e mais o meu Deus interno, o meu eu crístico, a minha Força Superior.

Afirmo e confirmo:

— Meu Deus!

— Eu sou luz!

— Os meus corpos, físico e energético, estão recebendo uma cota extra de energia vital.

— Não tenho dúvida quanto à Tua onipresença em mim!

— Por assim ser, convictamente posso concluir que, mergulhado em panorama mental de energias desse teor que eu mesmo criei com a minha mente, todo o universo conspirará positivamente a meu favor, pois Tu És onipotente em mim.

***

Tomado por crístico impulso interior, vou afirmar com a voz da certeza:

Sou conhecedor de que milhões de células morrem e milhões de células nascem no meu organismo a cada instante. Assim, vou manter um panorama mental com paisagens de beleza, de harmonia, de saúde, de vida, do cosmo... Com paisagens identificadoras da grandeza do meu Pai Criador... Com paisagens pintadas com as tintas coloridas de minha luz interior...

Dessa forma, a minha força mental, a força de minha alma manterá a saúde do meu corpo biológico.

Eu estou me iluminando... Estou me ajudando... Estou me descobrindo... Estou me refazendo... Estou me curando.

Muito obrigado, Senhor!

Graças a Deus!

Amém!

***

Você, leitor, filho da Suprema Luz!

Que está nos exercícios de autoajuda, repita palavras de gratidão ao Autor da Vida, pois gratidão é remédio para a alma e para o corpo!

Agradeça sempre àqueles que coordenam as suas reencarnações.

***

> Perante a Lei de Deus, o que parece negativo para uns é força acionadora para outros. O homem espiritualizado, diante da tempestade, procura aglutinar e interiorizar energias e, como resultante, faz brotar de seu interior a Força Superior do seu eu crístico, firme na convicção de que vai alcançar a Bonança, tornando a perseguição de qualquer natureza acontecimento secundário.
>
> O homem forte, lúcido e capaz, diante dos que o perseguem por ignorância da Lei de Causa e Efeito, deve se portar como condutor de almas e estar revestido da fé dos santos... Deve ser o *Sal da Terra* e, para exercer tal função em nome do Pai, norteando consciências, tornando a vida de seus semelhantes mais agradável, deve ser um homem integral.[46]

[46] Extraído do livro *O evangelho e a lei de Deus.*

Capítulo 14
Fraternidade universal

Pergunta 40: - Estamos matriculados em uma escola planetária primária, que se encontra em transição para se tornar secundária. Uma vez que nas escolas primárias a maioria dos alunos é de pouca evolução moral, a Terra, quando graduada pelo magistério sideral ao seu novo patamar evolutivo, quais as principais características que identificarão tais alunos?

Resposta: – O primeiro passo para quem pretende evoluir e ascender conscientemente é a prática da fraternidade, sabendo-se que é via única, pois não há como o aluno burlar a Lei de Ascensão Moral.

A partir do momento que, por evolução espiritual, a alma é convicta de que é portadora dos atributos da onisciência, onipresença e onipotência de Deus, começa a sentir os impulsos naturais advindos de seu eu, de seu universo íntimo. Nesse estágio evolutivo, os contraimpulsos provocados pelo universo externo não obtêm sucesso, porque a referida alma passa a ter indômita vontade de despertar de sua latência, gradualmente, as suas potencialidades divinas.

Em tal estado:

- Seu mundo íntimo adquire surpreendente dinamismo, o que lhe faculta, com a vida mental em elevada frequência, plasmar as dimensões edênicas, aquelas em que se respira o Hálito da Vida — o prana puro — para manter magnificamente saudável a sua vitalidade corpórea. É de bom senso relembrar que somos o que pensamos.
- O ser humano, ao se conscientizar de que a Lei de Deus

determina que, *a quem mais for dado, mais será cobrado*, já não consegue caminhar sozinho, pois surge em seu íntimo a natural vontade de dar as mãos a seus semelhantes para caminharem fraternalmente juntos, almejando alcançar os patamares luminosos da transcendência.

• É do conhecimento de todos que nenhum espírito superior se dá por satisfeito ao adentrar os pórticos celestiais sozinho. Ele, em muitos momentos da trajetória evolutiva, prefere caminhar mais devagar, para ter a oportunidade de levar consigo os portadores de boa vontade.

Embora em termos pedagógicos não seja possível aos alunos assimilarem em um mesmo nível os ensinamentos lecionados pelos pedagogos espirituais, devido à heterogeneidade evolutiva da sociedade terrena, a fraternidade, visando à expansão da consciência universal, será fortíssima característica no espírito terreno moralmente mais evoluído na Era do Mentalismo.

Pergunta 41: - A Terra, graduada a uma escola secundária, evidentemente que a grade curricular será igual para todos os alunos, mas sabemos que nem todos assimilarão com precisão os novos ensinamentos. Como ficarão os alunos que, embora aprovados para continuarem encarnados e reencarnando na Terra, ainda não tenham evolução espiritual para acompanhar no mesmo nível os mais preparados?

Resposta: – Observa-se que os educadores de almas, encarnados e desencarnados, inspirados pelas superconsciências de amplitude sideral, utilizam-se de variados métodos para atingir o objetivo sagrado, que é despertar em todos nós os atributos divinos de que somos portadores em latência.

Imaginemos o avanço moral da civilização terrena já em curso, na Era de Aquário, com a psicosfera terrena:

• Aliviada de sua atual carga energética, gerada por milhões de milhões de formas de pensamento de baixíssimo teor moral. Naturalmente, aqueles que, por mérito, continuarem encarnados e reencarnando na Terra, não darão vazão à ancestralidade animal nem às emanações mentais provindas do astral inferior, por já vibrarem em frequências mais elevadas, o que lhes garante atender ao cristotropismo com mais naturalidade...

• Sem os espíritos desarmonizados, aqueles de pouca evolução, principalmente os que ainda não conseguiram valorizar a vida enquanto encarnados, os quais, atendendo à Lei da Ressonância, foram exilados para outros mundos, evidentemente subprimários...

• Também sem os espíritos tímidos para com os Haveres dos Céus, os avaros, guerreiros, ávidos pelo luxo e pela luxúria, mentirosos, vaidosos, soberbos... Sem os tombados pelo remorso, mentalmente aniquilados pelo sentimento de culpa, enregelados psíquicos etc., a vida na Terra será magnificamente melhor.

Fica evidente que os espíritos que continuarem na Terra, mesmo sem grande evolução espiritual, terão condições para acompanhar os mais preparados, pois se sentirão irmãos. Além do que, amorosa e fraternalmente, os mais evoluídos darão as mãos àqueles de menor patrimônio moral.

Pergunta 42: - É do conhecimento da sociedade terrena que, com a evolução espiritual, nós vamos nos desvinculando emocionalmente de nosso milenar passado caracterizado pelo "homem velho" citado no Evangelho de Jesus. A partir de então, o que será preciso para a fraternidade entrar em ação espontânea em nossa vida?

Resposta: – Não é pedagógico querermos eliminar o milenar "homem velho" que somos, mas adquirirmos novos e eternos ensinamentos para, amorosamente, irmos substituindo valores necrosados pelo tempo, pois sem renovação. Com tal atitude, naturalmente seremos "homens novos", portando a *túnica nupcial* que identifica um ser evangelizado.

De agora em diante, precisaremos, uma vez que já somos mais lúcidos quanto à sacralidade das reencarnações, nos adaptarmos, sem conflitos íntimos, à nova realidade exigida pela Lei da Impermanência, considerando que a mente dos seres humanos mais lúcidos quanto à finalidade das sucessivas vidas necessita, permanentemente, de novos conhecimentos.

Vejamos:

• Com novos valores morais, o homem-espécie vai criando

panorâmicas paisagens, progressivamente mais belas e luminosas, pois a mente vai elaborando, com a imaginação da alma eterna que somos, figuras de rara e crescente beleza pertencentes às dimensões povoadas pelos bem-aventurados.

- Em divino devaneio, imaginemos quando Jesus, ao retornar aos Céus, viu, a certa distância, o Cristo-Pai de braços abertos esperando o Seu Filho Amado, para Lhe dar caloroso, luminoso e crístico abraço, em um gesto de gratidão por Ele ter realizado magistralmente o Seu programa no plano dos encarnados terrenos.
- É possível deduzirmos o divino magnetismo de teor crístico gerado pelos chacras cardíacos do Cristo-Pai e de Seu Crístico-Filho, Jesus de Nazaré. Podemos até nos imaginar ouvindo um hino de gratidão ao Nazareno Mestre advindo do cosmo, pelo sacrossanto desempenho durante a Sua missão na Terra. Só em imaginarmos eventos dessa magnitude, o nosso organismo, ao receber as ondas mentais geradas pelas nossas mentes, já entra em outras superiores frequências por causa dos sublimes campos energéticos gerados por nossas motivadoras almas. É magnificamente saudável imaginarmos as belezas paradisíacas existentes nas dimensões dos espíritos ascensionados.

Com paisagens mentais dessa magnitude, o homem-espécie se sente emocionalmente integrado ao Supremo Criador e à Sua Criação, cantando hinos de louvor ao Anjo Planetário — o Nazareno Mestre — por se reconhecer parte não apartada de Deus, conforme Ele nos ensinou.

Assim, em estado de êxtase divino por termos nomeado o Nazareno Mestre nosso modelo e guia, com a alma portadora da visão universalista aspirando a contemplar o infinito, nos imaginemos recebendo um abraço energizante de Jesus na dimensão habitada pelos anjos, quando receberemos um ***quantum*** extra de energias de Seu Sagrado Coração. Nunca mais seremos aquele "homem velho", pois a fraternidade entrará em ação espontânea em nossa vida e, em júbilo, abraçaremos nossos semelhantes cantando hinos de glória e gratidão Àquele que tão de perto nos toca o coração — Jesus de Nazaré.

***

> O Evangelho, transformado em vida prática, induz o espírito à progressiva busca de valores ético-morais. Assim, o homem, sob as luzes da imortalidade, seguindo os princípios redentores das lições de amor ensinadas por Jesus, autopromove-se à condição de cidadão cósmico, o que o leva a ter vida mais íntegra, mais motivadora e esperançosa. Isso é autoajuda... É autoiluminação... É autodescobrimento.[47]

***

Percebe-se, sem grandes elucubrações mentais, que os Adventos Crísticos, como proposta para renovar o Cristianismo em todo o planeta, açambarca, sem distinção, os quatro pilares da sociedade com o mesmo grau de responsabilidade e calor divino.

A proposta dos Adventos Crísticos:

- É um arrojado convite dirigido à sociedade planetária, propondo a reforma do Cristianismo, começando pela reforma do cristão...
- Trata-se de mensagens ditadas pela espiritualidade superior, psicografadas por Therezinha Teixeira Pereira de Carvalho e compiladas[48] para torná-las acessíveis a todas as culturas...
- É dirigida ao homem-espécie de todas as vertentes do conhecimento humano, e não somente aos ditos religiosos...
- Visa a levar os quatro pilares da sociedade — científico, social, artístico e religioso — à reflexão quanto ao sentido sagrado das sucessivas reencarnações, para o espírito atingir a sua santificação enquanto corporificado e, em seguida, bater asas e singrar o cosmo...
- Trarão ao conhecimento da humanidade a verdadeira palavra proferida por Jesus há dois mil anos e contida no livro sagrado *A Arca do Desconhecido*, existente no plano espiritual e, também, no Vaticano...
- A mensagem do Crístico Advento é a consolidação de um planejamento sideral voltado para a Terra, em que o comando espiritual que coordena os grandes eventos da humanidade terrena estabeleceu que, quando a Terra estivesse adentrando

[47] Extraído do livro *O evangelho e a lei de Deus*.
[48] As mensagens foram transformadas em livros pelo autor. Até o momento, temos 12 títulos, todos focando a renovação do Cristianismo.

Aquário, seriam implantados os Adventos Crísticos com a sacra finalidade de conscientizar o homem-espécie de seu papel diante da vida — Deus...

• Os Adventos Crísticos abrem uma nova era de 2.160 anos em Aquário e um novo ciclo de 25.920 anos terrenos. Com o fechamento do ciclo anterior e a Era de Peixes, a humanidade recebeu a obra do gigante Francisco Cândido Xavier, a quem somos eternamente gratos por sua existência em nossas vidas.

É bom refletirmos quanto ao porquê de os Adventos Crísticos serem sediados no ***Brasil, coração do mundo, pátria do Evangelho***. A parte do planeta que tem a predestinação de implantar e sustentar com novos ensinamentos para a vida, além da exemplificação, a nova moral e a nova ética do mundo. Sediar o Cristianismo Renovado, o Cristianismo crístico em substituição ao Cristianismo social.

***

Reflita você, leitor companheiro, e fale, afirmando com entusiasmo e segurança, para despertar o seu Deus interior e daqueles que o ouvirem:

Sou sabedor de que as aquisições transcendentes são por mérito. Em assim sendo, na condição de ser humano, estou consciente de que Deus sempre oportuniza a todos para realizarem seus divinos objetivos rumo à transcendência, razão pela qual procuro encontrar meios próprios para ser feliz, para sentir-me feliz a ponto de me iluminar e iluminar a consciência de meus semelhantes.

Afirmo e confirmo, para despertar o meu Cristo Interno e todos os meus corpos se vivificarem:[49]

— Eu Sou Luz!...
— Eu Sou filho do Supremo Criador!...
— Eu Sou parte da essência de Deus!...

Por assim ser, vou permitir que a minha luz interior seja tão abrangente que todos à minha volta se motivem para a aquisi-

[49] Extraído do livro *O fim dos tempos e os discos voadores*.

ção da felicidade plena, em função da prática da caridade desinteressada.

Sou consciente de que, por esforço pessoal, a alma vai, passo a passo, elaborando a sua felicidade em função de receber das pessoas espalhadas pelo mundo ondas de gratidão pelo bem realizado. Daí, a prática da caridade desinteressada ser excelente para o praticante receber emanações mentais com o magnetismo da gratidão, sem saber de suas procedências. É dessa forma que o universo conspira positivamente a favor dos anônimos caridosos. Pratiquemos a caridade com uma mão sem que a outra veja e, com tal nobre atitude, despertaremos o nosso Cristo-Amor, a centelha de Deus que somos.

Em assim sendo, coloco no dia a dia de minha vida música de cunho moral superior... Músicas que me conduzam às mansões da plenitude, pois tenho certeza de que som, cor, luz e perfume funcionam como elementos energéticos multiplicadores de frequências de elevado teor crístico, induzindo-me a servir a meus semelhantes na intimidade da alma, de forma que, verdadeiramente, seja de alma para alma sem passar pela racionalidade questionadora. Simplesmente, servir sem saber a quem.

Após acender a minha chama interior, desprendo-me convictamente de meu corpo físico. Desloco-me para um plano luz e solicito dos espíritos superiores que realizem uma cerimônia que vise a despertar de minha consciência latente o meu Cristo interno com mais amplitude, a fim de que eu possa servir melhor a meus semelhantes.

Graças a Deus!
Amém!

***

> Quem ama a Deus sobre todas as coisas renuncia aos direitos no mundo da forma para assumir mais deveres para com todos, porque a ética cristã o leva a amar o próximo como a si mesmo!
> Está explícito na lei que, para alcançarmos a misericórdia, precisaremos antes ser misericordiosos, ou seja, não é o pedi e obtereis

um processo mecânico e automático, porque a lei exige que o homem tenha a chave do conhecimento libertador e, mais ainda, alcançado a graduação superior do *ver, ouvir e falar com misericórdia*, para penetrar nos pórticos do imponderável, quando, então, será real o batei à porta e se vos abrirá![50]

[50] Extraído do livro *O evangelho e a lei de Deus.*

Capítulo 15
Amar a criação de Deus

Pergunta 43: - Atualmente, na Era do Mentalismo, se, por um lado, somos aguçados a nos dedicarmos à busca de nosso Deus interior, por outro, as forças contrárias dificultam nosso crescimento moral. De que maneira atravessarmos este momento apocalíptico, sem "perdermos o endereço de Deus", conforme é citado por Divaldo Pereira Franco, divulgando o pensamento de Thomas Heart?

Resposta: – Ainda é muito comum, para bom percentual da humanidade terrena, não expressar amor pelo Criador, alegando que Ele é muito abrangente, é infinitamente "grande" e, com isso, tais indivíduos não concebem ter uma visão imaginária do Deus Universal.

Para nós, que não temos uma visão de amplitude cósmica:

- Admitamos, com segurança, uma vez que Deus é onipresente, que não há distância espacial entre nós e Ele. Para simplificar, substituamos a palavra Deus por Vida e, assim, facilitaremos nosso entendimento, pois já concebemos que não há vida sem Deus nem Deus sem vida...
- Mesmo sem uma visão de abrangência universal, passaremos a amar, progressivamente, a Criação de Deus, na qual Ele É intrínseco, o que nos conduzirá intuitivamente, pois, pela lógica, a concebermos que amando o universo criado que tenha vida, amaremos ao Criador, considerando que não há como separarmos vida de Deus nem Deus da vida. E, assim, com naturalidade, amaremos ao nosso Criador em primeiro lugar...
- Tenhamos certeza de que, com panorama mental de abrangência universalista, paulatinamente vamos despertando

de nossa latência o Cristo-Amor de que somos portadores e, consequentemente, amando as partes não apartadas de Deus a que chamamos Criação. Ressaltemos que, em meio à grande e esplendorosa sinfonia das vidas intrínsecas à Criação no universo de Deus, está o ser humano.

Em assim sendo, para atravessarmos este momento apocalíptico sem perdemos o endereço de Deus latente em nosso âmago, passemos a amar de maneira irrestrita, a fim de nos graduarmos à plenitude do amor, evidentemente dentro de nossos limites, amando ao Criador e às criaturas, principalmente os seres humanos encarnados, nossos semelhantes, e que estão no mesmo plano. Com tal evangélica atitude, eliminaremos as "guerras santas".

Pergunta 44: - Quer dizer, então, que não é válido amarmos os seres integrantes dos reinos menores da Criação? Como reconhecermos se a nossa dedicação aos animais é amor ou falta de realização pessoal?

Resposta: – A primeira lei da vida é amarmos a Deus sobre todas as coisas, para que, em melhores condições, possamos colocar a segunda lei em ação consciente, amando o próximo como a nós mesmos.

Sabemos que, quem se ama, indubitavelmente amará os demais seres humanos, seus semelhantes e, naturalmente, pois sem exageros nem fanatismo, amará os seres menores da Criação. Conclui-se, assim, que, ao amarmos os seres humanos, seguramente amaremos os seres dos demais reinos, evidentemente de maneira consequente, considerando que já temos evolução para discernirmos e compreendermos os limites diante de animais temporariamente ferozes e perigosos.

Muitas são as causas que levam pessoas a exageradamente se anularem. Dentre elas, podemos esboçar algumas:

• As nossas humanas frustrações, forjadas em vidas anteriores ou na atual, podem servir de bengalas psicológicas para demonstrarmos a nossa desarmonia íntima e, com tal conduta mental, não termos bom relacionamento com outros humanos, nossos semelhantes, o que nos leva, em muitos casos, a recorremos a fugas, seja de modo consciente ou inconsciente. Tenhamos em mente que muitas dessas travas psicológicas foram geradas em função de convivências com mandatários, a cujas pueris ordens éramos obrigados a obedecer. Um tipo de fuga atual é o apego exacerbado a subalternos animais, quando se deveria amá-los de maneira bem natural, considerando que a autoanulação não faz bem à saúde psicoemocional...

• Outro tipo de fuga muito comum é aquele em que o indivíduo se dedica a tarefas extrafatos, aquelas que não fazem parte de seu programa reencarnatório, que não são condizentes com a sua capacidade realizadora, pois muito abaixo de seu nível evolutivo, mas que motivam a vida de pessoas desatentas. Tais pessoas poderiam desempenhar uma tarefa luminosa em determinado pilar da sociedade, atendendo ao seu programa reencarnatório, mas, por quaisquer motivos, fogem delas mesmas e não realizam o que faria parte de seu programa para quitar o seu carma nem conseguem realizar satisfatoriamente o que abraçaram após a fuga. São almas em desalinho...

• Ainda com relação a esse tema, existe o ser humano que almeja a sua projeção social. Para tanto, se necessário, desprezará princípios ético-morais para alcançar seus objetivos, o que o leva, em muitos casos, a agir sem medir as consequências diante da sociedade e, menos ainda, diante da Lei de Causa e Efeito. O importante para ele é atingir o "topo do mundo" a qualquer custo...

• As dores morais ou físicas por que passamos em outras encarnações, causadas por outros humanos, embora delas não nos lembremos de maneira objetiva, borbulham dentro de nós, inibindo que expressemos amor por outras criaturas, também humanas. Nesse caso, poderemos ser possuídos até mesmo pelos objetos. Observemos quantas pessoas são possuídas pelo reino mineral...

• Justifica-se, assim, o fato de indivíduos que não tiveram condutas salutares na convivência com seus semelhantes em vidas anteriores se dedicarem a cuidar de maneira fanática de animais em detrimento dos hominais. Amemos os seres humanos e, naturalmente, os seres dos reinos menores da Criação serão também amados por nós, pois é lei única e universal: "Amar a Deus sobre todas as coisas", para, na mesma proporção, "amar ao próximo como a si mesmo"...

• Existem pessoas que, em vidas anteriores, foram poderosas, portadoras de grandes impérios, recursos financeiros, econômicos, sociopolíticos etc. Tais criaturas foram acostumadas a mandar e desmandar, mas, por não terem sido portadoras de elevada conduta moral, administraram inadequadamente seus bens e, valendo-se de seus poderes financeiros ou político-sociais, submeteram seus subalternos a humilhações. Tais pessoas podem transferir o seu fanático afeto para os animais, mas permanecerem desatentas às necessidades das crianças que precisam de um lápis, por exemplo. Atualmente, tais criaturas são desprovidas das condições de poder transitório para exercitarem a humildade, o que as leva a terem uma vida amarga, pois desprovidas do vital sorriso e de bom humor...

• Criaturas dessa natureza, na vida atual, para exercitarem a simplicidade, reencarnaram sem bens materiais nem poder de mando, razões para se refugiarem cuidando dos seres submissos que integram os reinos menores da Criação, em muitos casos, demonstrando péssima relação social. Bom percentual de tais pessoas é rigorosíssimo e, consequentemente, de difícil convivência com outros humanos.

Fica entendido que, muitas pessoas que cuidam de animais, o fazem não por amor verdadeiramente, mas pelos resquícios de mando que ainda se encontram vivos em seu inconsciente. De modo quase geral, são criaturas intimamente desarmonizadas, pois insatisfeitas com a vida atual, principalmente causadas por travas afetivas, o que as leva a desequilíbrio comportamental, demonstrando, em plena luz do Sol, o seu mau humor e a sua má convivência com os semelhantes. Em tais condições, não precisa ser vidente para deduzir a cor escura, nodosa e de odor nauseante de sua aura, devido à sua baixíssima frequência mental e falta de paisagens colorindo o seu mundo íntimo. Em assim sendo, amemos os humanos e, seguramente, o nosso magnetismo e a nossa esfera áurica beneficiarão os nossos animais, sem aprisioná-los nas gaiolas de nosso egoísmo. Atualmente, ninguém admitirá que prender um pássaro em uma gaiola é um ato de amor.

Estamos generalizando, pois, evidentemente, existem milhões de pessoas que, verdadeiramente, amam os animais e não são portadoras de traumas atuais nem de vidas pretéritas. Simplesmente, são capazes de amar a vida e os vivos, humanos e não humanos. Percebe-se o conteúdo moral, ou seja, a ligação com o Criador das pessoas desse nível pela simples entonação de suas vozes ao conviverem com os seres de todos os reinos. Certo é que, quem ama o Autor da Vida, ama os seres vivos de todos os reinos, pois concebe que em todas as fagulhas de vida existe um naco de Deus.

Não nos esqueçamos de que existem pessoas que cuidam magnificamente dos animais. No entanto, se desprezarem os hominais, demonstrarão que estão precisando de urgentíssima psicoterapia, pois o ser humano é a maior criação de Deus na Terra.

Bem diferente é quando já amamos os seres dos reinos menores sem abandonarmos os humanos, nossos semelhantes. Em assim sendo, repetindo: amemos todos os seres da Criação, mas tenhamos especial cuidado para não desprezarmos os humanos, nossos iguais.

Graças a Deus, estamos caminhando para abdicarmos em definitivo da alimentação com carne animal, principalmente a "carne vermelha", conforme nos esclareceu Ramatís, no livro *Fisiologia da Alma*.[51] Nos empenhemos na divulgação dessa magnífica obra, mas de maneira parcimoniosa, para não ferirmos a suscetibilidade daqueles que, por enquanto, ainda se alimentam com carne animal, considerando que a sociedade necessita de guias e não de críticos. Permaneçamos atentos à Legislação Divina, pois Deus não impõe, apenas solicita que melhoremos progressivamente a nossa conduta diante de Sua Criação.

Pergunta 45:* - *Uma vez que tudo que advém de Deus traz a essência da vida — o amor —, por que, na Terra, às vésperas de se tornar uma escola secundária, ainda existem homens odiando o homem-espécie — a maior criação do Criador Supremo de que se tem notícia na Terra?

---

[51] Aconselhamos um criterioso estudo do referido livro, no qual o mestre Ramatís, através de Hercílio Maes, nos esclarece quanto ao fato de a carne com sangue coagulado prejudicar a nossa saúde.

Resposta: – Enquanto o ser humano não amar a Deus sobre todas as coisas... Enquanto esse mesmo homem não se amar a ponto de, naturalmente, emitir ondas dinâmicas de gratidão ao Autor da Vida pela oportunidade de mais uma reencarnação, mesmo inconscientemente, não terá condições éticas para amar o seu semelhante. Para tais criaturas, é aconselhável um tratamento psicofísico-emocional. Também é didático salientar que a capacidade de amar ao Criador e às criaturas não depende de racionalidade intelectiva, mas de suas milenares experiências com Deus.

Para o ser humano amar a Criação de Deus:

- O primeiro passo é reconhecer que ele, os seus semelhantes e os integrantes dos reinos menores da Criação são partes não apartadas de Deus-Vida, constituídos de Sua Imaculada Essência. Em assim sendo, quem odeia ou despreza o ser humano está emitindo ondas antivitais contra si mesmo, pois todo efeito retorna à causa, acarretando enorme prejuízo, com direito a desencarnar antes do tempo previsto, o que é lamentável, embora ainda seja muito comum na Terra tal conduta suicida. Na verdade, são pessoas "ingerindo" doses maciças de veneno e, com tal atitude, antecipam o seu retorno à pátria dos desencarnados...
- Deve ter em mente que a química saudável para manter a saúde psicoemocional e, consequentemente, a vida biológica, depende de seu estado mental, pois somos portadores de livre-arbítrio, além de construtores de nossos destinos. Tenhamos em mente que ninguém sofre por procuração...
- As ondas mentais emitidas por Cristos-criaturas, se carrearem ondas de sentimentos ignóbeis, dificultarão o ritmo de seus chacras, até mesmo os impedindo de renovarem as energias que alimentam a vida corpórea, uma vez que é imprescindível que os movimentos chácricos sejam harmônicos, pois são pontos vitais que mantêm a vitalidade biológica em função do equilíbrio psíquico.

Assim, considerando que a saúde da alma e do corpo depende de constante renovação de nossa vida mental, é salutar nos mantermos aspirando ao eterno vir a ser, para que não haja estagnação e, consequentemente, perda da saúde psicoemocional, causando desarmonias nas atividades dos chacras. Vale ressaltar, repetindo, que os lixos mentais podem causar doenças degenerativas, inclusive, levar os seres humanos ao óbito antecipado, devido a tais lixos impedirem ou dificultarem o fluxo normal das sinapses, acarretando grandes prejuízos à saúde plena do cérebro.

***

Uma vez que somos convictos de que a nossa voz é a Voz de Deus em nós, durante os instantes em que estamos magnetizando positivamente a Terra, vamos impregnar mais e mais a psicosfera de nosso mundo com paisagens mentais de elevado nível... Vamos falar de beleza, de vida, de saúde, de bondade, de amor... Vamos falar sobre os anjos, os arcanjos, os querubins e os serafins... Vamos falar da magnífica Criação de Deus espalhada pelo espaço sideral... Vamos falar sobre os sóis, as estrelas, as galáxias, os quasares... Vamos falar sobre a vida e o Autor da Vida.

Você, leitor, para trazer ao seu consciente o seu Cristo interno, fale sobre amor, pois já concebemos que:

— Amor é a emanação do Criador da Vida...
— Amor é a expressão máxima da vida...
— Amor é presença de Deus em nossas ações crísticas...
— Amor é sol a alimentar a vida...
— Amor é luz eterna do Criador nas criaturas...
— Amor é cântico emitido pelo coração...
— Amor é melodia que se ouve com o coração...
— Amor é luz que irradia do coração...
— Amor é perfume que exala do coração...
— Amor é Deus que fala pelo coração do ser humano...
— Amor é mantra que imanta a nossa alma para a condução da vida...
— Amor é essência medicamentosa que mantém a saúde da alma e do corpo...
— Amor é combustível para a alma gerar vidas...
— Amor é energia-força a movimentar o universo...
— Amor é um puro sorriso de criança...

— Amor é afabilidade e é ternura de um longevo...
— Amor é Deus no homem...
— Amor é energia de sustentação da vitalidade...
— Amor é luz emitida pelo olhar das pessoas plenificadas...
— Amor é claridade interior que flui por todos os poros das almas mansas...
— Amor é sol que estimula o ser humano a se amar...
— Amor sou eu, que amo a vida e o Gerador da Vida.

***

Agora, você, portador da centelha de Deus, uma vez que estamos exercitando o despertar de nosso Cristo interno, de nosso Cristo-Amor, fale, mas com brandura, pois nunca devemos perder a ternura para dizer as nossas relativas verdades... Fale com clareza e firmeza para manter a sua vitalidade corpórea, tendo a convicção de que a sua voz é a Voz de Deus, pois Deus fala aos homens através dos homens. Diga:

Na condição de uma fagulha de Deus que sou... Na condição de um cidadão cósmico... Na condição de um porta-voz do Cristo Planetário da Terra, sinto-me, na lindíssima e sagrada Cidade dos Brilhantes que a minha mente criou, tomado pelo êxtase, pelo júbilo divino, onde vou declamar um poema de gratidão a Deus na presença do ascensionado Ophir... Um poema inebriado com a minha essência... Com a essência da convicção de que sou portador de uma centelha do Deus Onipotente que existe em todos os humanos e em todas as centelhas de vida... Um poema com a vibração do meu amor pela Terra... Um poema que inunde a humanidade com o amor que estou canalizando da Fonte Eterna do Amor... Com o amor que estou canalizando do Cristo-Amor... Do Cristo Cósmico...

Finalmente, eu, filho da Terra, falo com a voz da certeza... Com a voz da plenitude... Falo com Deus e Lhe digo:

— Meu Deus!
— Deus-Vida! Vivifica a Terra e a sua humanidade!
— Deus-Amor! Desperta em mim o amor pela Terra!... O amor pelos filhos da Terra!
— Deus-Beleza! Ajuda-me a me emocionar com a beleza

de Tua Criação!

— Por fim, Deus-Pai, auxilia-me a despertar nos filhos da Terra o amor incondicional... O amor por todas as centelhas de vida do nosso planeta...

— O amor pela nossa escola planetária... O amor pelos zeladores da vida do nosso mundo... O amor pela vida do nosso santuário sagrado — o planeta Terra.

— Obrigado, meu Deus, por esses instantes de convivência mental com Ophir.

Graças a Deus!
Amém!

***

> A idiossincrasia é inerente, inata a todos os indivíduos. Por conseguinte, deve ser respeitada. Mas, enquanto o homem não conseguir ir desintegrando suavemente a sua personalidade individual para, na mesma proporção, evangelizar-se e integrar-se à cosmicidade universal, não conseguirá ver a Deus. Essa é a Lei de Deus.[52]

[52] Extraído do livro *O evangelho e a lei de Deus.*

Capítulo 16
A bênção da vida saudável

***Pergunta 46:** - Como manter a nossa vida orgânica saudável, vivendo em um planeta cuja maioria da humanidade, por ser de evolução primária, não possui harmonia íntima, pois em constantes embates sociais, além de conflitos íntimos?*

Resposta: – Faz parte da pedagogia da Criação que cada ser humano, por esforço pessoal e intransferível, vá dilatando a sua consciência, a ponto de a luz de sua esfera áurica se tornar tão rarefeita que não sofra refração em sua propagação, notificando, assim, que atingiu elevado grau na capacidade de amar ao Criador e às criaturas. Em tal estado d'alma, o que é emanado do universo externo não interferirá em sua harmonia interna, devido à superior e luminosa frequência mental responsável pela sua autoproteção.

Uma vez que, potencialmente, somos luminescentes, as dificuldades existenciais, quando compreendidas por nós, desempenham magnífico trabalho na condição de dínamos, transformando energia potencial em luz. Dessa forma, as agruras que fizerem parte de nossa vida enquanto encarnados, se compreendidas, servem para gerar luz crística em nosso mundo íntimo, uma vez que somos Cristos-criaturas. Nesses momentos difíceis, sentimos maior necessidade de Deus e, com isso, elevamos os nossos pensamentos e passamos a sentir a sagrada vontade de adquirirmos a *misericórdia de ver, ouvir e falar, os três sentidos do consentimento divino.*

***

Para nossa reflexão:

• Com a dor, nós acionamos o nosso Cristo interno, para buscarmos alento em Deus, o que nos faculta aumentar, progressivamente, a frequência mental, preludiando um estado de consciência superior que conduz o espírito a despertar a sua vontade, um dos atributos divinos latentes em todos os seres humanos...

• Por não haver vácuo absoluto na Criação, em qualquer parte do mundo em que, com o nosso Cristo interno, acionarmos o Cristo Criador da Terra, estaremos amparados, pois embebidos em Sua Crística Luz, além de, nesses especiais momentos, termos, naturalmente, o universo conspirando positivamente a nosso favor...

• Em tal estado d'alma, surgem de nosso âmago o enlevo, a motivação íntima, em função do aumento da frequência mental, causando bem-estar, o "milagre" psicoemocional e a consequente vida saudável. No entanto, não nos esqueçamos de que ***não existe proteção superior à honestidade***, segundo Pietro Ubaldi.

Por conseguinte, o ser humano, conhecendo a Legislação Divina e reconhecendo que é eterno e imortal, mesmo vivendo em um planeta cuja maioria da humanidade é de evolução primária, não se atém às dificuldades circunstanciais, pois sabe que, em um átimo de tempo do calendário sideral tudo passa, pois o universo está em eterna transformação.

Assim, nos empenhemos em despertar suavemente a essência de Deus que dormita em nosso âmago e estaremos em condições para iluminar as sombras daqueles que ainda não encontraram em si o endereço de Deus.

Pergunta 47: - Ao reconhecermos a perfeição de Deus, não deveríamos nos empenhar na assimilação de Suas Leis, para termos uma vida mais saudável, logicamente sem dores nem sofrimentos?

Resposta: – A partir do momento em que concebemos que o universo criado vive em eterno transformismo, já nos sentimos aliviados de dores ou de sofrimentos, porque passamos a considerar que tudo no plano da relatividade é passageiro para quem comunga com a eternidade e, assim, por mais atrozes que sejam, devemos compreender que logo passarão.

A melhora de nossa vida psicoemocional vai, na mesma proporção, amalgamando a saúde de nossa vida corpórea, de tal forma que, atingindo determinado equilíbrio por meio da frequência mental, deixa-se de ter doenças, aquelas geradas pela desarmonia íntima da criatura humana.

Para termos uma vida saudável:

- É de bom senso conhecermos os princípios de ascensão moral, aqueles que nos permitem uma ligação consciente com Deus... Aqueles em que a nossa alma se revitaliza simplesmente por almejar se conectar, progressivamente, com a Mente Suprema alimentadora da vida terráquea, considerando que, ao se entrar em contato com a frequência do Cristo-Amor, há o refazimento da alma e, como consequência, a do corpo biológico por processo natural...
- Uma vez que somos o que pensamos, plasmemos com a nossa imaginação as mais lindas paisagens existentes nas dimensões paradisíacas... Aquelas transcendentes em que os seus habitantes, espíritos conscientes de seu papel diante do Autor da Vida, vivem mergulhados em universo energético sustentado pelas ondas mentais geradas pelos portadores de amor puro e puro amor...
- A partir de determinadas frequências mentais, a criatura, substancialmente motivada para novas e eternas aquisições morais, ou seja, em função de sua ligação consciente e crescente com as emanações provindas do Cristo-Vida, não tem condutas que infrinjam os Estatutos da Vida... Aquelas que geram carmas negativos, os quais precisarão ser reparados diante da Lei de Causa e Efeito, principalmente por meio de dores ou outros tipos de dificuldades. Tenhamos em mente que um sagrado atenuante para passarmos por tais transtornos é, além de não reclamarmos, praticarmos a caridade silenciosa e desinteressadamente. Sejamos convictos de que a caridade é uma sublime forma para quitarmos as nossas dívidas diante da Legislação Divina, tendo as dores ou os sofrimentos aliviados.

Para termos uma vida progressivamente mais saudável, logicamente sem as agruras corriqueiras, estejamos atentos às Leis do Supremo Legislador, aspirando a sentir a Fonte Eterna da Vida — Deus. Para tal, mantenhamos nossa indestrutível vontade na condição de divino atributo do Criador nas criaturas alimentando o sagrado instinto de preservação da vida.

Pergunta 48: - A partir de qual nível evolutivo o ser humano deixa de infringir os Estatutos da Vida e obtém a bênção da vida saudável?

Resposta: – É do conhecimento de todos nós que, na Criação não há milagre, mas mérito. Em assim sendo, busquemos compreender as Leis do Supremo Legislador e, logicamente, pautar a nossa existência seguindo os princípios ético-morais lecionados e vividos por Jesus, o nosso angelical pedagogo.

Para obtermos uma vida psicoemocional saudável, avaliemos outros atenuantes diante das dificuldades existenciais:

- Com a nossa indomável vontade na condição divina de atributo de Deus em nós, nos dediquemos em despertar o nosso Cristo interno, o que acontecerá progressivamente, em função do aumento de nossa sensibilidade psíquica. Vale ressaltar que só em focarmos, mentalmente, sentir o Cristo-Pai, Criador da Terra e fonte alimentadora da vida planetária, nossa alma responde positivamente e com maior facilidade ao cristotropismo, fazendo brotarem de nosso íntimo impulsos salutares, pois direcionados para os Céus...
- Devemos nos empenhar na busca incessante de conhecimentos transcendentais, a fim de adquirirmos melhor grau de consciência que se sobreponha ao limitadíssimo plano da vida corpórea, tendo em vista que, enquanto permanecermos rodopiando em torno de valores transitórios, estaremos emocionalmente nos atrelando ao plano físico, sem possibilidade volitiva para singrarmos os espaços siderais usando as asas da imaginação. É importantíssimo relembrarmos que, ***onde estiver o nosso tesouro, ali estará também o nosso coração...***
- Uma vez que somos seres cósmicos exercitando a nossa universalização na Terra, procuremos conhecer as leis da vida lecionadas pelo Autor da Vida, para construirmos, com a argamassa universal chamada amor, nova trajetória para a vida humana da sociedade de nosso orbe, de forma que descubramos o sentido supremo das reencarnações, para que, assim, nos des-

vinculemos emocional e paulatinamente, embora agradecidos, do plano temporário da existencialidade.

Fica transparente que, o nível evolutivo a partir do qual o ser humano deixa de infringir os Estatutos da Vida, e passa a usufruir da vida psicoemocional saudável, pois sem culpas, é quando estabelece diretrizes de que, verdadeiramente, sua aspiração primordial é sentir o Cristo-Amor.

Enquanto a criatura humana não descobre a finalidade suprema da vida no plano físico, anda durante muito tempo de cada vida sem direção e, à medida que, sorrateira e parcimoniosamente, a decrepitude se aproxima em cada existência, ela vai perdendo o viço emocional, demonstrando no semblante e na entonação da voz a sua desarmonia íntima, pois conclui, antecipadamente, que se encontra a caminho do retorno à pátria espiritual sem as novas aquisições morais que deveria ter conquistado. Conclui-se, assim, que a culpa antecipa o nosso retorno à erraticidade, ao mundo dos espíritos.

***

Você, leitor!

Permaneça orando e vigiando, pois, consciente de que *o ser humano é o que ele aspira a ser*. Em assim sendo, idealize ricas paisagens mentais, tendo certeza de que o universo conspirará a seu favor em função de seu nobre propósito... Imagine-se plasmando a figura arquiangélica de Jofiel, por exemplo, e afirme com segurança:

Estou idealizando, na imaginação, a figura do Arcanjo Jofiel. Vou desenhar e pintar, em minha tela mental, o *Anjo da Iluminação, o Anjo Instrutor*.

Para tal, vou plasmando a figura de um anjo... Vou dando sentido e vida à minha paisagem, à minha criação mental... Vou acendendo a minha luz interior... Vou me imaginando dentro da aura luminosa do Arcanjo Jofiel.

Repetidas vezes, falo convictamente para eu ouvir a entonação de minha voz, a força de minha palavra... Repito com mais força e mais convicção: "Eu Sou o que aspiro a ser... Eu Sou o que penso... Eu Sou o que amo". E, assim, sinto o universo conspirando positivamente a meu favor.

Aspiro ao belo... Aspiro a despertar em mim a mais lídima expressão de harmonia espiritual.

Harmonizado com a divindade em mim, despertarei de minha latência quanto ao sentido sagrado da vida.

Humildemente, sinto o calor de minha luz interior... O calor da autoconfiança e da confiança nos poderes dos Céus... A confiança nos poderes superiores, nos poderes diretores da vida cósmica.

Para que a minha mente entre em colóquio com a Mente Suprema — Deus —, crio uma paisagem mental de majestosa beleza... Um ambiente que lembre sonhos de fada... Ambiente que exale fragrância de mirra para que eu, na condição de antena diamantífera... De antena sintonizada com o cosmo, possa captar o magnetismo advindo das esferas dos anjos e sentir o magnífico bem-estar da plenitude, da autoiluminação, pois Eu Sou Luz.

Na condição de cidadão cósmico eu, uma unidade na diversidade, estou em um bosque límpido e pintalgado de flores lilases... Um bosque ricamente decorado pela mãe natureza, com fontes de águas magnetizadas com o influxo direto do Sol nascente.

Agora, em postura de reverência ao sagrado... Com brilho nos olhos e semblante festivo, ajoelhado sobre a mãe terra, eu me sinto dentro de um santuário natural.

Em postura devocional, ouço o Arcanjo Jofiel falando às filigranas de meu espírito. Jofiel está solicitando que eu fale sobre o sentido sagrado da gratidão.

Nesse outro santuário, onde já me encontro com Jofiel, decorado com matizes de carmim-rosado, em meio a flores lilases, com fascinante beleza para despertar a emotividade espiritual, estou respirando o prana puro... Respirando o Hálito da Vida... Estou respirando conscientemente a essência de Deus.

Para facilitar a exsudação das energias divinas latentes em minha alma, aquelas que formam as auras dos bem-aventurados, subo ao púlpito dos convictos e discurso sobre gratidão. Falo sobre:

— Gratidão pela família, pela oportunidade da convivência

com os meus semelhantes para o exercício da fraternidade...

— Gratidão pela vida, pelo ar que respiro, pela água que me dessedenta, pelas plantas que colorem o planeta em que habito temporariamente...

— Gratidão pelos animais, principalmente aos pássaros canoros que enchem o ar com os sons do Criador...

— Gratidão pelas cascatas de águas cristalinas e puras que se precipitam, carreando energias para manter viva a presença de Deus nas emoções humanas...

— Gratidão pelo Sol rutilante que alimenta a vida e que aquece os corações...

— Gratidão pela Lua, que auxilia no despertar de nosso mundo íntimo a afetividade, o romantismo crístico...

— Gratidão pelas estrelas que pontilham o céu, convidando o ser humano terreno a descobrir a arte de interpretar a vida... Descobrir em seu coração um porta-joias cheio de pérolas de esperanças, de pérolas preciosas.

Agora, vou falar com o universo. Eu vou lhe falar assim:

— Eu Sou uma centelha do Autor da Vida!
— Eu Sou Luz!
— Eu Sou Deus!

Antes de encerrar minha imantação, o Arcanjo Jofiel solicita que eu faça uma oração, como um gesto de gratidão por estarmos a serviço de Deus, participando da implantação dos Adventos Crísticos.

***

A purificação dos sentimentos distancia o espírito humano, de maneira naturalíssima, do ter egoístico, conduzindo-o à unificação do crístico ser. Cristificado, ele desfaz as linhas da força que o atrelam à forma e não lhe permitem ver a Deus em tudo no Todo (Criação). Os tesouros do mundo não têm ressonância com o seu âmago, o seu íntimo, pois o seu real tesouro está em outra dimensão. Em assim sendo, nos empenhemos em nossa evangelização.[53]

[53] Extraído do livro *O evangelho e a lei de Deus*.

Capítulo 17
A vida do outro lado da vida

Pergunta 49: - A literatura espiritualista é muito vasta quanto à vida do outro lado da vida. Para os espíritos que estão encarnados na Terra e, consequentemente, vivendo a transição planetária, ainda há tempo para aqueles em que lhes faltam apenas aparar algumas arestas e se qualificarem para continuar reencarnando neste maravilhoso orbe?

Resposta: – Milhões de espíritos encarnados e desencarnados já poderiam estar seguramente graduados para continuarem na Terra, mas as suas frequências mentais precisam manter-se mais elevadas e harmônicas, considerando que as oscilações mentais em desequilíbrio dificultam sentir as ondas do Cristo-Amor, o que nos propiciará despertarmos o nosso Cristo interno e manifestarmos mais amor pelo Criador e pelas criaturas.

Em um planeta em fase de transição, há necessidade de nos mantermos permanentemente orando e vigiando, a fim de que o nosso passado malbaratado não se sobreponha ao nosso presente, dificultando que nos projetemos para o eternamente novo, já que a evolução não tem ponto final. Assim, nos determos no passado já ultrapassado, além de prejudicar a nossa vitalidade psicoemocional, quase sempre em função da culpa, nos mantém em uma frequência incompatível para a Era do Mentalismo, quando deveríamos ter elevada, dinâmica e luminosa vida mental. Projetarmo-nos rumo ao eternamente novo é o nosso crístico mister, agradecendo sempre ao ontem, que serviu de base para chegarmos a esse momento tão especial de transição planetária da Terra com o grau de lucidez que já adquirimos sobre as sucessivas vidas.

Façamos uma autoavaliação quanto às arestas que precisaremos aparar urgentemente, as quais estão impedindo atendermos ao deotropismo. Não nos esqueçamos de dar um sutil e misericordioso polimento em nosso verbo, o qual, quando desarmonizado, cria espessas camadas energéticas com cores escuras em nossa esfera áurica e de odor desagradável.

***

Para nossa reflexão:

- De modo geral, a maioria das criaturas humanas terrenas vive presa ao passado, mesmo reconhecendo que a Legislação Divina é perfeita e não permite que voltemos no tempo e apaguemos a nossa história...
- O espírito de pouca evolução, ao acordar do outro lado da vida, caso não tenha, pelo menos teoricamente, boas noções sobre tal inquestionável realidade, poderá ficar tombado pelo sentimento de culpa, principalmente após assistir ao filme[54] referente à sua última vida, reproduzindo com fidelidade a sua infrutífera reencarnação, quando for o caso, quanto ao investimento consciente em que deveria ter se empenhado para adquirir novas aquisições ético-morais...
- Quando a nossa existência é vazia de Deus... Vazia de nobres ações, reações e atitudes... Vazia da aquisição de conhecimentos libertadores, podemos deduzir, cada qual de *per si*, em qual subplano do astral inferior iremos "residir" após o nosso desencarne, evidentemente atormentados pelo sentimento de culpa por não termos aproveitado de maneira luminosa a sagrada oportunidade de mais uma reencarnação.

Em sendo da própria natureza da Criação todos os seres vivos preservarem a vida atendendo ao natural deotropismo, do ser humano a Lei da Evolução "exige" muito mais, considerando que ele possui individualidade espiritual e, consequentemente, a capacidade de discernir, além do sagrado livre-arbítrio.

O momento planetário sob os auspícios de Aquário solicita esforço de todos nós, no sentido de acelerarmos o ritmo de nossa evolução, aspirando a um contato mais abrangente com os

[54] O filme sobre a nossa vida é projetado do fim para o início de nossa encarnação. Assim, ao nos depararmos com a nossa realidade no além, concluiremos que somos juízes de nós mesmos. (N. A.)

espíritos bem-aventurados, aqueles que habitam os sucessivos e elevadíssimos planos luminosos no universo metafísico.

Pergunta 50: - Como ficam, do outro lado da vida, os espíritos que, quando encarnados, conheciam as leis de Reencarnação e de Causa e Efeito, mas não conseguiram pautar suas vidas seguindo os princípios ético-morais evangélicos?

Resposta: – Uma vez que a quem mais é dado, mais é cobrado, a criatura que conhece as verdades eternas, mas não as transforma em vivência, fica em estado lastimável na erraticidade, causado pelo avassalador remorso, principalmente caso tenha usurpado, por interesses vis, os seus semelhantes. Muito mais grave é o estado mental, quando nos locupletamos durante a vida física, barganhando na Terra com os valores dos Céus. O nosso estado mental torna-se progressiva e verdadeiramente infernal. Deduzamos, assim, o estado de consciência daqueles que transformaram, e de outros tantos que continuam transformando em mercadoria de compra e venda, mesmo em momento de transição planetária, o patrimônio moral da humanidade — o Evangelho do Nazareno Mestre. É possível deduzir o estado infernal em que ficarão mentalmente quando acordarem do outro lado da vida, principalmente reconhecendo que cada qual é juiz de si mesmo. Tenhamos em mente que, verdadeiramente, nesse caso, ao desencarnarmos, iremos para o "inferno", pois tombados pela culpa e encaracolados pelo remorso. Observemos que o "inferno" é criado pela nossa mente, usando a argamassa da culpa.

É possível imaginar como ficam os que conhecem, mas não vivenciam, os princípios ético-morais cristãos.

> Quando o Evangelho passa a viger a trajetória da alma humana, ela descobre em si a beleza da arte em suas variadas expressões de amor... Olha para o universo estelar e se emociona com a obra do Supremo Artífice e com tudo que é belo... Sente que não consegue mais caminhar sem ser embalada pelas canções de hosanas e aleluias.[55]

***

Para nossa reflexão:

[55] Extraído do livro *O evangelho e a lei de Deus.*

• Embora não se possa padronizar, associando o efeito à causa, pois vai depender do grau evolutivo que o indivíduo já tenha, certo é que, quanto mais evoluído for o infrator, maiores serão suas dores ou sofrimentos, mesmo quando ele tem ações ligadas puramente ao plano material. É que ele passa a sofrer dores lancinantes, devido à autopunição, atormentado pelo antivital sentimento de culpa...

• Imaginemos o estado de miséria moral em que ficam aqueles que se locupletam enganando seus semelhantes em nome de Deus. Também os que se aproveitam dos espíritos em seus momentos de invigilância, principalmente os femininos para a prática libidinosa de suas ações torpes; como, por exemplo, a pedofilia, em nome da divindade, o que ainda é comum, em especial, nos núcleos ditos "religiosos", mas que não possuem religiosidade...

• No astral inferior vivem, sobretudo, os tombados pelo remorso, aqueles que tenham feito mau uso dos conhecimentos teóricos adquiridos sobre as leis fundamentais da Criação – Reencarnação e Causa e Efeito. Estes vivem no lodaçal dos planos energéticos infernais, sofrendo fortíssimas dores morais geradas por sua consciência de culpa, cujo refazimento é longo, por causa de sua dilaceração mental, pois encontram dificuldades para se perdoarem. Tais espíritos vivem em condições piores do que os que ignoravam as leis.

Importa ressaltar que a culpa é causadora de milhões de desencarnes antecipados no planeta Terra. Por conseguinte, os culpados devem procurar urgentemente uma psicoterapia, para reprogramarem a sua vida mental, após reconhecerem os erros.

Por causa dos inúmeros níveis evolutivos, não é possível estabelecer um parâmetro de como ficam todos os espíritos do outro lado da vida. Certo é que, enquanto encarnados, os que já conheciam as leis da Reencarnação e de Causa e Efeito, mas não conseguiram pautar suas vidas seguindo princípios ético-morais evangélicos, é muito comum entrarem em estado mental do antivital combalimento, sem força nem coragem para orar e pedir aos coordenadores de suas reencarnações novas oportunidades para que, quando novamente corporificados, provarem à luz do dia que estão empenhados em seu restabelecimento psicoemocional.

Pergunta 51: - O que leva os seres humanos terrestres a negligenciarem os ensinamentos libertadores das reencarnações compulsórias, trazidos à Terra pelos emissários celestes?

Resposta: – A ignorância quanto à vida no além-túmulo é uma das principais causas, embora todos nós, recentemente, tenhamos vindo dos planos espirituais, além de, no dia a dia, no momento do sono, voltarmos para os planos extrafísicos. Tendo em vista que, ao reencarnarmos, não perdemos integralmente a lucidez de nossas experiências enquanto desencarnados, tenham sido elas luminosas ou sombrias, será de grande proveito meditarmos quanto ao sentido sagrado de nossas reencarnações, para que, assim, mais lúcidos, consigamos seguir, em cada existência, os princípios superiores da vida existencial, imprimindo em nossas existências uma conduta cristã, seguindo a essência do que consta no Evangelho do Nazareno Mestre.

***

Para nossa reflexão:

- Por ser da Lei de Deus que, inexoravelmente, cada qual colhe os frutos de sua semeadura, ninguém consegue burlar as Leis da Criação porque o legislador é a perfeição absoluta. Por assim ser, negligenciar os ensinamentos que nos qualificariam para deixarmos de ter reencarnações dolorosas, é demonstrarmos a nossa soberba e o quanto ignoramos a Legislação Divina...
- É do conhecimento geral que muitos seres humanos encarnados na Terra, recentemente, ou seja, há poucos milheiros de anos terrenos, faziam parte do reino animal. Justifica-se assim o seu descaso para com os valores eternos do espírito imortal. Certo é que, por falta de experiências com Deus, os chamamentos advindos dos Céus, por enquanto, não fazem eco às suas almas...
- Conscientizarmo-nos da finalidade suprema da vida deve ser o nosso foco, para, munidos de tais ensinamentos, darmos sentido divino à nossa existência biológica.

Consequentemente, é possível deduzir os motivos que levam milhões de pessoas a terem verdadeiro pavor da morte:

• Intuitivamente, elas se "lembram" da dolorosa vida que levavam enquanto na erraticidade...

• Têm sutil sensação, ou, mais especificamente, ligeira recordação de que, desencarnando, poderão voltar aos seus cárceres psíquicos, pois, retornando ao habitat de seus infernos íntimos, conforme viviam antes de reencarnarem, tendo em vista que a natureza não dá salto na evolução moral, uma vez que o tempo da vida biológica é muito breve...

• Naturalmente que vão precisar de algumas reencarnações para se refazerem integralmente. Mesmo assim, as melhoras, embora minúsculas, vão depender das mudanças de valores de cada individualidade.

Mesmo com milhões de seres humanos que praticam o suicídio no dia a dia da vida a longo ou curto prazo, a morte, embora incompreendida por quase todos nós, é responsável pela manutenção de milhões de vidas humanas, considerando que muitos indivíduos, tomados pelo desespero das amargas 'lembranças' de quando estavam nos planos dos desencarnados, não praticarem o suicídio de maneira mais ostensiva, devido ao medo da enigmática morte e da vida que enfrentarão do outro lado da vida. É uma 'lembrança' muito suave, mas que existe no 'inconsciente' de milhões de pessoas.

É de bom senso, aqueles que se enquadram em tais situações, e que ainda estiverem encarnados, que se dediquem ao seu polimento espiritual, aproveitando da melhor maneira possível a atual vida, para que, assim, desencarnem conscientes de que nas próximas reencarnações terão de investir com afinco em sua reabilitação moral.

***

Você, leitor!

Para trazer ao consciente o seu Cristo interno, converse com Deus tendo certeza de Sua Onipresença em si e, em seguida, ore ao Cristo-Pai, criador da Terra, e sinta-O em forma de ondas crísticas brotando de seu coração... Sinta-se sintonizado com o Cristo Terráqueo e fale com Deus, de maneira firme, mas sem perder a mansuetude, a brandura, a ternura, a musicalidade que deve ter a voz de um cristão evangelizado. Fale com voz clara e segura... Fale com Deus assim:

Meu Deus! Supremo Artífice do universo!
Eu Sou o milagre da vida!
Eu Sou vida, pois sou filho do Autor da Vida!
Eu Sou o Teu filho, Supremo Pai! Ampara-me por misericórdia neste momento tão difícil de transição planetária!

Anuncie para a Terra e o Céu ouvirem a sua convicta voz dizendo:

Vou orar ao Cristo Planetário da Terra em um gesto de gratidão pela sagrada oportunidade de estar participando da implantação dos Adventos Crísticos no planeta Terra.

Vou orar assim:

— Cristo-Amor!

— Neste precioso momento, em que meus superiores confrades anunciam a Bonança para a Terra, auxilia-me a usar o método da bondade evangélica, pautando a minha vida dentro dos princípios ético-morais implantados pelo Nazareno-Mestre!...

— Que a ética condutora do Teu Advento seja a ética do amor universal, pregado e vivido pelo mais sublime sintetizador da Tua vontade na Terra — o Rabi da Galileia!...

— Que eu consiga, Cristo-Pai, sob esse empuxo que o Teu crístico filho me propicia como ponte para a manifestação do Teu amor, sentir-me impulsionado a pregar a Tua palavra de renovação, inspirando-me n'Ele, que provou, à luz do dia, ser portador de dignificante envergadura moral!

— Oh, Cristo-Vida!

— Doa-me da Tua essência um fator multiplicador de forças, a fim de que, em nenhum momento, eu me sinta enfraquecido e que a minha palavra seja um detonador do calor do Teu amor contido na consciência das criaturas!...

— Oh, Cristo-Luz!

— Ilumina a minha alma e clareia a minha consciência, para que eu possa adquirir um grau de compreensão da Tua presença em mim, a ponto de me permitir desobstruir os canais que me ligam a Ti, para melhor auxiliar meus semelhantes!...

— Ajuda-me, Pai querido, a descobrir-Te com mais abrangência em meu próprio eu... A descobrir-Te, mais e mais, em mim mesmo!...

— Ampara-me, para sentir-me humildemente instrumento de Tua vontade e, ao ser tocado pela Tua vibração, que é amor, faze despertar em mim, progressivamente, a fraternidade que conduz ao renascimento e estimula chegar ao Teu reino, fazendo-me solidário para com as criaturas, minhas irmãs, consolando amorosa e cristicamente as que têm menor consciência de Tua existência!...

— Oh, Cristo!

— Que este advento, divulgador de Tua Proposta, consiga produzir o efeito da integração do homem com a Tua cosmicidade.

Afirme, você, leitor, com segurança:

Sou sabedor de que as aquisições transcendentes são por mérito. Em assim sendo, na condição de uma centelha de Deus, enquanto encarnado procurarei encontrar meios próprios para ser feliz, para sentir-me feliz, a ponto de iluminar as consciências de meus semelhantes mais próximos.

Afirmo e confirmo, para todos os meus corpos ouvirem, pois estou exercitando trazer a lume a centelha de Deus que sou e, consequentemente, manter a minha vitalidade psicoemocional-somática.

Por assim ser, vou permitir que a minha luz interior seja tão abrangente que todos à minha volta se motivem para a aquisição da felicidade plena, praticando a caridade desinteressada e amando ao próximo como a si mesmo.

***

Percebe-se, pela lógica, que a crística essência deste livro é terapêutica, pois enaltece a nossa vida e, assim, não nos permite criarmos lixo mental. Isso porque a dinâmica de nossos pensamentos aguça o despertar consciente de nosso Cristo interno.

Graças a Deus!

Amém!

***

Consciente no inconsciente, o super-homem não tem dúvidas no que diz respeito à sua real integração no seio da divindade, passando a agir e interagir como coparticipante do Criador, o que o faz se sentir humanamente divino e divinamente humano, revelando em si a realidade do que disse o Nazareno Mestre: Vós sois deuses (JOÃO, 10:34)[56]

[56] Extraído do livro *O evangelho e a lei de Deus.*

Capítulo 18
Amar a verdade é amar o autor da vida

Pergunta 52: - Os milênios já deveriam ter consumido a nossa infantilidade espiritual, período em que nos alimentamos da mentira, a qual perdura em nossos dias. A partir de qual grau evolutivo a pessoa, verdadeiramente, passa a amar a verdade?

Resposta: – Em sendo as verdades todas relativas, pois o universo criado obedece ao eterno transformismo, nós, espíritos ainda incipientes, não temos como definir as verdades eternas. O importante, por enquanto, é sermos fiéis ao que já assimilamos como nossas temporárias verdades, pois sabemos que, na sequência da eterna evolução, elas serão recolhidas aos museus.

Para alimentarmos a verdade em nosso mundo íntimo:

- O ponto de partida é criarmos, conscientemente, hábitos de nível superior com a nossa mente, os quais, com o passar do tempo, tornam-se automáticos e transformados em vivências...
- Com o benfazejo automatismo do falar com misericórdia, por exemplo, sacralizaremos o nosso verbo e, pela repetição, não precisaremos refletir com rigor se o que vamos falar é social ou moralmente positivo ou negativo, já que a nossa palavra expressará o lado luminoso de nosso mundo íntimo, considerando que *a boca fala o que sente o coração...*
- Assim, com a mente educada, o automatismo da boa palavra, por ser verdadeira e iluminativa, fluirá com naturalidade e, caso queiramos pronunciar palavras chulas ou usarmos da mentira, a nossa alma não terá magnetismo para se expressar com veemência, considerando que a pujança para falar com o

tom da agressividade, por exemplo, é comum aos não misericordiosos...

• Somos conhecedores de que existem pessoas portadoras de exacerbado orgulho que, ao falarem em condições normais demonstram excessiva timidez. Tais criaturas devem procurar urgentemente um psicoterapeuta que lhes auxiliem no desbloquear de suas travas psíquicas...

• No entanto, essas mesmas pessoas, quando desabafam seus conflitos íntimos, normalmente exteriorizam total desequilíbrio, pois usam um tom de voz agressivo e, com tal postura, deixam transparecer a sua natural e autêntica realidade, pois são pigmeus espirituais em conflitos íntimos...

• Em assim sendo, não confundamos timidez com humildade ou evolução espiritual, pois a excessiva timidez expressa exacerbado orgulho. Estejamos atentos à nossa conduta, pois estamos na fase da queda de nossas máscaras, envolvendo os quatro pilares da sociedade...

• Dessa forma, é possível deduzir que, com a repetição, o ser humano portador da boa palavra adquire qualidades morais de excelente nível energético, o que lhe faculta auxiliar na motivação íntima de seus ouvintes, a ponto de elevar as suas frequências mentais e eles se refazerem. Aí está a cura através da palavra misericordiosa.

O exemplo mais conhecido na Terra foi deixado pelo Nazareno Mestre, que, com a Sua misericordiosa voz, revolucionou o mundo e sua humanidade. Assim, uma vez que Ele é o nosso modelo, exercitemos *a misericórdia do ver, ouvir e falar*, seguindo Seus luminosos exemplos.

Pergunta 53: - Sabemos que a mônada, antes de evoluir a ponto de atingir o reino hominal, passa longo período no reino animal. Será por isso que o ser humano incipiente, mesmo portador de livre-arbítrio, embora de rudimentar consciência por falta de experiência com Deus, não consegue amar a verdade, devido a predominar, nele, a ancestralidade animal?

Resposta: – Não é pedagógico atribuirmos aos seres pertencentes ao reino animal as nossas mentiras, considerando que eles não têm consciência sobre suas ações e reações. Primordialmente, atendem com naturalidade aos instintos, principalmente àqueles responsáveis pela preservação e manutenção da vida através da procriação e da alimentação.

Com as sucessivas reencarnações, o ser humano, gradualmente, recebe novos ensinamentos, os quais vão sendo assimilados e armazenados em seu subconsciente, formando o seu crescente cabedal evolutivo, o qual se tornará, na sequência do tempo, patrimônio eterno do espírito e armazenado no inconsciente profundo. Ao elevar a sua moral, ou seja, a sua conexão consciente com Deus, gradualmente deixa de mentir. Mas, tenhamos em mente que uma mônada recém-graduada por evolução ao reino hominal não faz uso da mentira, por faltar-lhe elucubrações mentais, pois, embora já tenha sotaque hominal, a sua capacidade de discernir o certo do errado é infinitamente pequena. Nesse estágio, ela ignora as relativas verdades elaboradas pelos mais 'evoluídos'.

***

Para nossa reflexão:

• Em cada reencarnação, a pessoa assimila novos conhecimentos. À medida que vão sendo vivenciados, advém de tal atitude a sabedoria e, como consequência, a expansão da consciência, razão pela qual ser tendência natural que os instintos herdados do reino animal diminuam suas manifestações grotescas, embora permaneçam em nossas almas compondo a nossa milenar história reencarnatória...

• É sabido que as nossas experiências mais recentes, positivas e negativas, vão sendo armazenadas no subconsciente, o que sugere nos dedicarmos, em cada existência, à busca de novos conhecimentos superiores, os quais serão guardados no subconsciente e, depois, alojados no inconsciente profundo...

• Da mesma forma, os instintos de natureza animal experienciados por nós vão ficando "amortecidos" em nosso inconsciente, embora possam ser acionados a nosso bel-prazer, de acordo com as circunstâncias. É por isso que a fera que fomos poderá surgir de nosso mundo íntimo em um segundo, de acordo com o momento...

• As pessoas excessivamente tímidas têm muita habilidade

nesse quesito da vida. É bom ressaltar que a criatura, enquanto tímida por natureza, principalmente se tal timidez for mais acentuada quando precisar verbalizar sobre os valores eternos dos Céus, deve fazer um tratamento para reprogramar a sua vida mental...

• Tal criatura, diante de um desencontro social, mesmo banal, poderá tornar-se irreconhecível, tal será a demonstração da sua desarmonia íntima, percebida principalmente pelo vocabulário chulo em voz alta e agressiva, além dos gestos grotescos por falta de evangelização...

• Justificam-se, assim, as ações ou reações que o ser humano demonstra em função da situação ensejada pelo universo externo, as quais provocam mudança de frequência de nossa mente, fazendo aflorar ao consciente o cordeiro ou o lobo que somos...

• Nesses casos, a possibilidade de o lobo pular na frente das decisões é muito comum, por causa dos fortíssimos resquícios de nossa ancestralidade animal, além dos grandes traumas da atual vida e outros tantos trazidos de vidas anteriores.

Uma vez que a evolução espiritual não retroage, por mais sobrecarregado que fique o nosso subconsciente na zona dos instintos, as energias negativas vão, gradativamente, sendo descarregadas de nosso perispírito em forma de dores ou outros tipos de dificuldades existenciais através das sucessivas reencarnações, enquanto as positivas vão formando o conteúdo espiritual de nosso inconsciente profundo na condição de patrimônio moral e eterno de nosso espírito, progressivamente mais luminoso, pois mais evoluído e aspirando à ascensão.

Concluamos a nossa reflexão desse item, convictos quanto à necessidade de armazenarmos em nosso subconsciente, de maneira consciente, preferencialmente, os eventos positivos da vida como um todo, ou seja, tudo que for bom, belo e que expresse a vida universal do espírito eterno e imortal.

Pergunta 54: - O que devemos fazer para não armazenar lixos mentais em nosso subconsciente e, assim, não ficarmos emocionalmente vinculados a aquisições sem valor para quem pretende evoluir e ascender?

Resposta: – Em sendo o Criador a perfeição absoluta, procuremos assimilar o porquê de na Criação existirem o ponto e o contraponto, pois, se por um lado, o negativo traz desconforto, por outro, o espírito em evolução aprende a adquirir resistência e a vencer as dificuldades existenciais para evoluir por esforço próprio, pois sabe, intuitivamente, que *não existe ética superior à vida,* segundo Pietro Ubaldi. Ele passa a conceber que, diante das Leis de Deus, todos ficamos sozinhos, considerando que as aquisições morais são adquiridas por dedicação pessoal.

***

Para nossa reflexão:

- Ao nos desvincularmos, emocionalmente, dos tesouros do mundo, caso seja de forma proposital e abrupta, pois consciente, não conseguiremos ter sucesso total de imediato, pois, só em pensarmos em nos desapegar de determinado objeto, por exemplo, poderemos fornecer elos energéticos que nos prendam a ele. Assim, evangelizarmo-nos é o nosso mister, para que tenhamos os Céus como meta a ser suavemente alcançada...
- O desapego deve ser gradual, porque depende, pela repetição de ondas mentais que nos vinculam emocionalmente aos valores eternos dos Céus, e, assim, nos desvincularmos dos valores transitórios da Terra sem negligenciá-los. Caso o desapego seja brusco e o espírito não tenha evolução moral para realizar tal proeza, ficará sem ponto de apoio para seus pés, o que lhe poderá causar desarmonia íntima. Por isso, ***não se deve retirar nada de ninguém, caso não se tenha alguma coisa superior para se colocar no lugar***, segundo Pietro Ubaldi.
- O mais sensato é adquirirmos novos ensinamentos libertadores do plano da existencialidade, para, nas mesmas proporções, consolidarmos tais ensinamentos em nosso eu crístico sem precipitação, considerando que ***a evolução espiritual não dá saltos.***

Uma vez que somos o que pensamos, fica claro que criarmos hábitos com panoramas mentais luminosos e transcendentes é salutar, para que não nos atrelemos emocionalmente ao plano da relatividade durante a nossa passageira vida de encarnados, porque, segundo Lucas (12:34), "onde estiver o vosso tesouro, ali estará também o vosso coração".

O ser humano, sabendo que é o construtor de seu destino, de seu carma positivo ou negativo, de maneira sábia e conscientemente deve ir elaborando, com a mente, quadros progressivamente mais lindos, mais belos, aqueles compatíveis com a sua evolução espiritual, e procurar manter-se sintonizado com a propagação das ondas cujas frequências identifiquem as mansões celestiais. Estaremos, naturalmente, evitando permanecer emocionalmente vinculados aos tesouros perecíveis, tendo em vista que aspiramos a alcançar, com a nossa mente, as dimensões celestiais da luz imaterial. Tal atitude mental é muito comum ao ser humano que tem o Céu como meta a ser conquistada conscientemente.

***

Você, leitor, portador de mente saudável!

Com a sua capacidade crística de devanear, imagine-se visitando a civilização marciana no interior oco de Marte... Vá em espírito e verdade e, quando voltar, conte para a sociedade terrena o que você viu com os olhos da imaginação e sentiu intuitivamente, estando entre outros humanos mais conscientes quanto ao sentido sagrado da vida no plano dos encarnados.

Descreva o que você intuitivamente identificou e sentiu em Marte. Afirme:

Em virtude do magnetismo com ondas de sacralidade concentrado aqui no interior oco de Marte... Devido aos pensamentos reinantes e às emoções causados pelos espíritos encarnados neste sacratíssimo ambiente, estou vendo saírem de minha essência, de minha alma, suaves ondulações expansivas... Sinto a minha consciência dilatando... Vejo mais luzes e mais cores... Ouço as melodias dos anjos... Ouço o cântico mavioso do Universo.

Sob esse diapasão elevado que a minha mente criou e estando eu em perfeita sincronia com as pulsações das correntes da vida universal, isso me leva a falar com toda a minha força interior, que, verdadeiramente, Eu Sou o que penso. Falo com voz clara e em bom tom para eu mesmo ouvir e impregnar magnificamente os meus ouvintes encarnados e desencarnados com a essência da vida — o amor. Falo assim:

— Eu Sou uma centelha de Deus!
— Eu Sou eterno e imortal!
— Eu Sou luz!

Você, leitor, ao voltar de Marte, elabore, com a sua crística capacidade de imaginar, um ambiente que expresse sacralidade e convide um coral de anjos para cantarem hinos de louvor aos Céus, invocando Maria, a Santíssima Mãe da Humanidade, para Ela nos trazer uma palavra de acalanto divino. Perceba que a misericordiosa Voz d'Ela regurgitará o seu Cristo interno e, assim, acenderá com mais intensidade a sua Chama Crística.

Após esse santo colóquio, você nunca mais será o mesmo. Com tais paisagens mentais, você não mais apagará de sua memória o clarão de luz divina emanada do Sagrado Coração de Maria.

Agora, com a palavra, Maria começa a falar sobre as esplendorosas mansões celestiais preparando o ambiente para o Arcanjo Gabriel usar da palavra. À medida que Maria vai falando, sou induzido ao silencioso mergulho interior. Após Maria ter preparado o meu ambiente mental, eu mergulhei em minha essência espiritual... Mergulhei para ouvir a voz do meu Deus, do meu Criador, tendo o Arcanjo Gabriel como Seu Porta-Voz, como Médium de Deus... É Deus que fala através de Gabriel e me diz:

— Filho![57]
— Essência da minha essência...
— Voz da minha voz...
— Amor do meu amor...
— Vida da minha vida...
— Eu Sou o calor do Sol da manhã a vivificar a natureza...
— Eu Sou a energia que impulsiona o desabrochar das flores para exalar o perfume que nelas Sou...
— Eu Sou a fonte eterna da vida a me desdobrar em miríades de outras vidas na imensidão do cosmo que Sou...

[57] Extraído do livro *A arte de interpretar a vida.*

— Eu Sou o êxtase que te invade o coração para manifestares o divino que Sou em ti...
— Eu Sou o sorriso da criança que dá os primeiros passos no mundo da forma...
— Eu Sou a ternura do longevo que aprendeu a arte de interpretar a vida...
— Eu Sou a carícia materna a inundar o teu coração com o amor de mãe que Sou...
— Eu Sou o calor do primeiro raio de Sol da primavera a florir e colorir o teu planeta...
— Eu Sou a beleza da melodia que ouves advinda do recôndito eu do Universo que Sou...
— Eu Sou a eterna harmonia do Todo Criado...
— Eu Sou espírito, Sou energia e Sou matéria...
— Eu Sou a bondade que perdoa e a justiça que disciplina...
— Eu Sou a nebulosa que nasce e o Sol que se desintegra...
— Eu Sou a lei que rege o universo e o universo que Sou...
— Eu Sou a força da vida a conduzir os meus filhos a evoluírem, ascenderem e transcenderem...
— Eu Sou o cântico que a Criação entoa ao Criador de todos os mundos...
— Eu Sou tudo e Sou o Todo...
— Eu Sou teu Pai...
— Eu Sou tua Mãe...
— Eu Sou bondade e Sou justiça...
— Eu Sou a Vida...
— Eu Sou Deus.

Graças a Deus!
Amém!

***

O Agrônomo Divino — Jesus —, ao lançar as sementes da Boa-Nova, sabia que cairiam em diferentes solos e que nem todas dariam frutos. Mas, como é da lei oportunizar a todos, mesmo que grande parte das sementes não tenha produzido frutos, não Lhe faltou convicção, e os poucos homens que fizeram germinar a Sua mensagem libertadora foram o suficiente para percorrer dois mil anos, convidando todos a despertar em si, na era de Peixes, o amor universal.

Desde o momento em que o Nazareno Mestre plantou a semente iniciática da doutrina do Cristo-Pai, a árvore generosa do Cristianismo vem amparando espíritos de todos os quilates, de todas as envergaduras morais, sempre na expectativa de transformar terrenos duros, pedregosos ou cheios de espinhos em terrenos férteis, visando a colheitas de luz.[58]

[58] Extraído do livro *O evangelho e a lei de Deus*.

Capítulo 19
O divino atributo da vontade no homem

Pergunta 55: - Na escala da evolução, a partir de qual estágio evolutivo a mônada adquire o divino atributo da vontade e inicia a sua busca consciente pela beleza, considerando que a busca do belo é uma constante universal?

Resposta: – As nossas virtudes não são adquiridas em função da evolução espiritual, pois, desde que fomos criados, já as possuímos em latência. O que acontece é que, principalmente quando atingimos a graduação humana, na mesma proporção que vamos evoluindo, vamos acionando a imaculada centelha de Deus que portamos, advindo como resultante o despertar gradativo e eterno dos atributos do Supremo Criador de que somos portadores. Assim, o anjo que seremos encontra-se potencialmente em nós desde que Deus nos criou na condição de mônadas. Despertá-lo e, consequentemente, trazê-lo ao consciente é a nossa sagrada tarefa.

Por ser uma condição inata nas centelhas de Deus, naturalmente todas buscam a beleza.

Para despertar o sagrado atributo da vontade em nós, vamos refletir:

• É da Criação que as fagulhas de Deus, que fazem parte do universo criado, se expandirem naturalmente, obedecendo à constante universal de que tudo evolui...

• A mônada, ao atingir a graduação evolutiva do reino hominal, inicia o despertar de sua latência de rudimentar consciência e, também, de seu sagrado livre-arbítrio. A partir de então, mesmo de maneira inconsciente, a essência de Deus-Vida que existe no ser humano tende a se expandir de maneira mais acentuada, considerando que ela já começa a discernir o certo do errado. É o Deus-criatura atendendo ao empuxo divino do Deus-Criador para se exprimir com mais amplitude, entusiasmo e beleza...

• A alma vai reconhecendo progressivamente o seu Cristo interior e despertando de sua latência o Atributo Divino da Vontade, para se projetar rumo ao eternamente novo. É a centelha de Deus no ser humano, que estava em seu universo íntimo a causar o impulso divino, que começa a dar sinal da vontade de retornar a Deus, atendendo ao deotropismo, inicialmente inconsciente.

Sabemos que, em potencial, existe, em todos os seres da Criação, a fagulha de Deus-Beleza, as centelhas do Criador Supremo buscando a beleza, sendo que, no homem-espécie, quando um pouco mais evoluído, por ser portador de discernimento mais luminoso, tal busca é consciente. É nesse estágio evolutivo que, em especial, entra em ação de maneira mais clara e objetiva o exercício da vontade em sua divinal condição de um dos atributos divinos no ser humano. E, naturalmente, vai expandindo em todos os aspectos da evolução, embora inicialmente e com mais afinco, de modo geral, a criatura se dedique à beleza da forma no plano da existência e, suavemente, vai se qualificando para aquisição de beleza moral.

Embora na trajetória da evolução espiritual o indivíduo vá desenvolvendo, simultaneamente, todas as suas qualidades morais, vamos particularizar, por exemplo, o atributo divino da vontade à aquisição da beleza, por ser uma forte característica do ser humano terreno aspirar à beleza corpórea, para, quando mais evoluído, dedicar-se, primordialmente, à sua beleza transcendente.

Na sequência da evolução, o espírito passa a se esforçar para adquirir uma esfera áurica irisada de luzes, sendo progressivamente mais clara, até tornar-se portador da ***túnica nupcial*** de cor branca com alvura lirial.

Quanto mais o espírito se conscientiza de que é portador de seu Deus interno, mais se sente atraído, por ressonância, ao Supremo Criador e começa, suavemente, a dar vazão ao deopropismo, obedecendo à Lei dos Afins. Quando o Deus-criatura passa a sentir saudade do Deus-Criador, de seu íntimo surge o impulso ascensional rumo aos Céus, o que vai enfraquecendo com leveza os seus elos energéticos atreladores ao plano material.

Pergunta 56: - Em sendo a vontade um dos atributos de Deus no homem-espécie, por que o nosso empenho no sentido de despertarmos o nosso Deus interior é tão lento?

Resposta: – Cronometrada pelos nossos sentidos físicos, realmente, a evolução moral é muito lenta, o que nos leva a ficarmos ansiosos, tendo em vista que passamos a almejar as conquistas transcendentes, principalmente a partir do momento em que descobrimos o sentido sagrado das reencarnações. No entanto, por ser Deus o Legislador Supremo, é mais didático procurarmos compreender a Legislação Divina e, suavemente, seguirmos a correnteza da vida, convictos de que na obra de Deus não há erros.

***

Para nossa reflexão:

• Até certo grau evolutivo, consideremos normal o indivíduo se dedicar com avidez às aquisições externas, para, na sequência de suas compulsórias e exaustivas reencarnações, acompanhadas por dores e sofrimentos, cansado em função das milenares lutas pelas aquisições do **ter**, finalmente despertar de si o divino atributo da vontade e transformá-la em boa vontade, pois tem condições espirituais para medir as consequências de suas ações...

• Justifica-se, assim, o fato de pessoas receberem com placidez as reações de suas nefastas ações sem reclamarem, pois elas sabem, intuitivamente, que reclamar é perder vitalidade psicossomática, motivo pelo qual milhões de doentes não conseguem se recuperar de seus males e são levados, em muitos casos, a óbitos antecipados. Estejamos atentos para reconhecer que reclamar, em qualquer situação, é antivital, pois as justificativas são infundadas e não anulam a Lei de Causa e Efeito...

• Colocarmos como primazia a nossa evangelização é sabedoria, para que saiamos conscientemente da faixa evolutiva dos espíritos que necessitam de "avassaladores choques" anímicos para despertarem o seu Deus interior e saírem de suas letargias psíquicas. Para que aconteçam no ser humano as mudanças íntimas, a Lei da Evolução exige que sejam pessoais e intransferíveis. Daí a necessidade de provocarmos em nós mesmos e, conscientemente, uma explosão psíquica, acendendo magnificamente a nossa Chama Crística, pois tem de ser por esforço pessoal, nos valendo do dom sagrado da autocondução.

Sem delongas, conclui-se que a falta de empenho do homem-espécie na busca lúcida de sua evolução rumo à ascensão é por causa de sua minúscula evolução moral, o que o leva a se dedicar com afinco às aquisições temporárias ensejadas pelo ego, considerando que, nesse campo, a força-energia de seu eu crístico ainda é muito inexpressiva.

Pergunta 57: - É do conhecimento espiritualista que os indivíduos "conservadores", aqueles que encontram dificuldades para acompanhar a evolução e conceber o eternamente novo, uma vez que afeitos ao magnetismo do planeta Urano, serão exilados da Terra, já que, na Era do Mentalismo, a sociedade terrena será formada pelos espíritos "inovadores", pois impulsionados pelo magnetismo do planeta Netuno, segundo Pietro Ubaldi. Quer dizer, então, que a pessoa retida no ontem vai deixar a Terra?

Resposta: – Sabemos que toda a Criação obedece ao eterno transformismo, considerando que a evolução moral das mônadas não tem ponto final.

Uma vez que o momento é de transição planetária, com a Terra se graduando a uma escola secundária, vamos refletir quanto aos pontos a que precisaremos dar mais atenção para reformulação de valores, caso almejemos continuar reencarnando neste magnífico orbe — o planeta Terra.

***

Para nossa reflexão:

• Sem subterfúgios, observemos as nossas inclinações naturais — se conservadoras ou inovadoras —, tendo em mente que todo o universo obedece ao eterno e infalível vir a ser. Consequentemente, quem estiver atrelado ao passado terá de deixar a Terra e ser exilado para um mundo rudimentar em todos os aspectos, onde será levado a despertar o sentido divino da vida, na sagrada condição de seres cósmicos que somos. É de bom senso relembrar que o exílio para o planeta higienizador é por ressonância, atendendo à Lei dos Afins...

• Se fizermos uma reflexão, imbuídos da honestidade para conosco, deduziremos, pela lógica, as possibilidades de permanecermos na Terra ou sermos exilados para o planeta, que, fraternalmente, nos receberá, onde continuaremos a nossa evolução, com possibilidades de retornarmos à Terra daqui a 6.666 anos terrenos, caso em nossa nova escola planetária nos graduemos espiritualmente, a ponto de merecermos frequentar uma escola secundária. Para tal, é necessário sair da baixa frequência que identifica a ***besta apocalíptica*** simbolizada pelo número 6.666...[59]

• Por não haver castigos para punir os fora da lei nem prêmios advindos do universo externo para os que seguem os princípios ético-morais evangélicos, intuitivamente vamos identificando os pontos fracos que precisaremos fortalecer em nós, os quais sinalizam as dificuldades íntimas para sermos vitoriosos, pois vencedores de nossas próprias fraquezas morais.

Ao observarmos as consequências de nossas conscientes ações, podemos concluir se estamos elaborando um ***homem novo*** convivendo com os desafios próprios do plano material, sem nos desarmonizarmos intimamente, apesar das alternâncias na trajetória da existência que o universo externo solicita, ou se estamos estáveis, pois equilibrados, mas fechados em nosso mundo interno com receio de enfrentarmos os encontros e desencontros normais da vida nova e eternamente inovadora em um universo que obedece à eterna transformação.

Sabedores que somos de que fazemos parte do universo dinâmico, tenhamos em mente que o momento planetário terreno solicita de todos nós dinâmica psíquica individual para acom-

---

[59] O mestre Ramatís, no livro ***Mensagens do astral***, sinalizou que o planeta "higienizador", para onde os espíritos terráqueos serão exilados, leva 6.666 anos terrenos para descrever a sua órbita, razão pela qual esse número foi apelidado de o número da besta apocalíptica. Tal assunto é ricamente detalhado no livro O fim dos tempos e os discos voadores.

panharmos a dinâmica coletiva e universal. É momento em que precisaremos vencer a nossa inércia espiritual, aquela que fez parte da monotonia, da estase[60] psíquica dos desprovidos da eterna fé, por lhes faltar aspirações à transcendência.

***

Você, leitor!

Evidentemente, já assimilou e está consciente de que a autoiluminação deve ser o foco a ser alcançado por todos nós. Para auxiliar no despertar de seu Cristo interno, idealize uma dimensão habitada pelos arcanjos e, entre eles, destaque em sua mente o Arcanjo Gabriel, o *Anjo da Anunciação, o Anjo da Boa-Nova.*

Somos conscientes de que a crística proposta adventista nos leva a concebermos, pela lógica, que o colóquio com espíritos ascencionados desperta no homem-espécie a ternura, a brandura, a mansuetude, a paz interior, manifestações de carinho, de satisfação pela vida, de integração aos mecanismos da vida maior. Enfim, tomada por tal empuxo, a criatura entra em contato com níveis de consciências lúcidas, o que a faz vencer os limites da imanência e direcionar a vida rumo à transcendência.

Assim, afirme com convicção e segurança:

Vou falar com a voz do divino que sou e, assim, manter a minha saúde, a minha vitalidade psicossomática, pois...

Eu Sou a voz de Deus!
Eu Sou a voz do Autor da Vida!
Eu Sou essência de Deus!
Eu Sou parte do Cristo-Amor!
Eu Sou entusiasta da vida!
Eu Sou portador da misericórdia!
Eu Sou porta-voz da esperança, pois tenho a voz do acalanto!

Estou dentro da luminosa aura do Arcanjo Gabriel exercitando o descortinar do meu Deus interior... O descobrir de minha fagulha divina... Da força motriz que me leva a buscar conscientemente Deus.

[60] Estagnação; incapacidade de agir; estado de impotência.

Neste devaneio crístico, estou me harmonizando... Estou me sintonizando com a divindade... Estou alimentando um padrão mental de nível superior.

A sabedoria milenar afirma: "alma sã, corpo são". Em assim sendo, estou me energizando... Estou me medicando... Estou me iluminando com paisagens mentais enaltecedoras da vida.

Eu Sou o que aspiro a ser... Por assim ser, estou criando, com a minha mente, formas de pensamento que mantêm a vitalidade de minha alma e, consequentemente, de meu corpo... Formas que regurgitem a minha luz latente, pois Eu Sou filho da Grande Luz, do Grande Foco... Eu Sou filho de Deus!

Vou, então, para uma ilha, a mais linda de minha imaginação.

Na ilha, aspiro a um contato crístico com Maria, a mãe do Divino Mestre Jesus.

Estou criando mentalmente uma ilha circular, dentro de um oceano de águas azuis.

A minha ilha tem vegetação relativamente alta.

Bem no centro dela, há um espaço circular e sem árvores, coberto com areia branca.

Circundando o espaço vazio, sete grutas formadas com pedras preciosas.

No centro do círculo, mentalmente, criei agora uma belíssima e bem alta catedral transparente.

No pináculo da catedral, uma cruz de cor dourada.

Dentro de cada gruta, um arcanjo... Cada arcanjo representando um dos sete raios da Criação.

Vejo os sete arcanjos indo em direção à catedral.

Vejo Uriel, Miguel, Samuel, Gabriel, Rafael, Jofiel e Ezequiel ocupando os seus lugares dentro da catedral.

Nas sete grutas estão ecoando sons edênicos emitidos pelos anjos da música.

Vejo uma passarela lindamente decorada com tapete e paisagens infantis.

Contornando o tapete de cor azul-celeste, muitas roseiras... Muitas flores de variadas cores.

Vejo os pássaros, com seus gorjeios singulares, e ouço os seus cânticos de louvor ao Senhor da Vida.

Devido aos acordes das músicas edênicas, da vegetação começam a fluir essências dos sândalos.

Neste universo de cores, sons, perfumes e lindíssimas paisagens naturais, surge Maria exalando essência de mirra.

Maria, a Santíssima Mãe da humanidade, ao se deslocar sobre o tapete de cor azul-celeste, vai passando por um arco formado por águas coloridas.

As águas que saem dos chafarizes laterais contêm essência de agapantos... É lindíssimo o nosso chafariz.

Vejo os integrantes das Sagradas Fileiras... Os espíritos coordenadores da vida do planeta Terra... As consciências evoluídas, ascensionadas, angélicas e arquiangélicas...Vejo também os querubins, os serafins, todos, verdadeiramente todos os espíritos das laterais levantarem-se, formando um corredor à volta do tapete azul... É magnífica a beleza.

Em estado de êxtase, os participantes deixam fluir de seus corações os mais crísticos eflúvios de cor rosa, enquanto Nossa Senhora vai passando com a Sua angelical beleza, olhar de ternura e gratidão e, com as mãos luminosas, acenando suavemente para todos.

A catedral, inebriada pela essência do amor puro e iluminada com as luzes dos corações de todos os participantes, começa a ficar mais vibrante e mais transparente.

As suas paredes 'vítreas' começam a vibrar mais ainda, à medida que Maria vai se aproximando do portal de entrada ornamentado com lírios imaculados.

Adentra Maria e dirige-se a um coxim de luz verde-claro, onde Se senta comodamente. Em seguida, cumprimenta com gestos afáveis os sete arcanjos e toda a luminosa plateia.

Estou vendo as mônadas de todos os reinos aplaudindo Maria, em uma saudação de boas-vindas.

É lindo! É maravilhoso contemplar um espetáculo dessa magnitude!

É divinal ver a ilha em festa!

A ilha iluminada com as luzes provindas de todas as fagulhas de vida deste ambiente em que me encontro com Maria!

Ver os pássaros volateando e colorindo o espaço para prestarem homenagem à Santíssima Mãe da humanidade... À Mãe do Instrutor Espiritual da Terra — o Nazareno Mestre!

Também, ver os minerais emitindo, das entranhas da Terra,

radiação com as cores do arco-íris!

Ver os vegetais desencadeando, em sons crescentes, uma salva de palmas, demonstrando carinho Àquela que representa, na Terra, o lado feminino de Deus!

Palmas, muitas palmas para Ela, que é ternura, bondade, carinho, meiguice, mansuetude!... Que é compaixão, brandura, caridade e amor, diziam os vegetais.

Após a salva de palmas, observo o fogo com sua algaravia tão própria, purificando o ar do sagrado ambiente.

A Mãe Gaia, de mãos dadas a Poseidon, Ariel e Apolo, emite para a atmosfera magnetismo aglutinador... Gaia reúne, sobre a ilha, nuvens de alvura lirial e faz cair sobre o crístico ambiente chuva de luzes com essência de almíscar... É linda a paisagem.

Graças a Deus!
Amém!

É possível deduzir a benfazeja reação química de nosso organismo ao imaginarmos paisagens com as cores e o tom da sacralidade, além de não permitirmos a criação de lixo mental, lembrando sempre que *somos o que pensamos*.

***

> O espírito de visão míope para com o eterno encontrará dificuldade para assimilar o simbolismo da suprema alegria expressada pelo Pai-Criador ao ver cada filho regressar para a Sua convivência após ter amealhado, por esforço próprio, a autocompreensão. É motivo de festa, de júbilo, de solenidade para o Deus-Pai, conforme consta no Evangelho do Pedagogo Sideral a serviço do Cristo na Terra — Jesus de Nazaré, na parábola "O Filho Pródigo"[61]

[61] Extraído do livro *O evangelho e a lei de Deus*.

Capítulo 20
A hereditariedade do espírito

Pergunta 58: - Em que consiste a hereditariedade do espírito, a ponto de impedi-lo de exteriorizar amor de maneira espontânea?

Resposta: – Somos conhecedores de que o ser humano *é o que ele pensa, o que aspira a ser e o que ele ama*. Assim é que, quando o espírito 'comum', pois de pouca evolução moral, vai reencarnar, ainda do outro lado da vida ele é, pedagogicamente, orientado quanto à sua possível trajetória, com encontros e desencontros no plano dos encarnados. De posse de seu roteiro reencarnatório em função de seu passado, é incluído na planilha das orientações, evidentemente sem anular o seu livre-arbítrio, como deverá ser o percurso de sua encarnação e as diferentes possibilidades para os seus resgates cármicos, quando fizer parte de seu programa.

Caso seja um espírito que já tenha desenvolvido certo poder mental, mas fortemente traumatizado, devido à má conduta em vidas anteriores ou por ter passado por desafios não compreendidos por ele em alguma existência, poderá interferir negativamente com a sua mente desde a formação de seu corpo no ventre de sua futura mãe e nascer deficiente. Tal evento acontece devido a ele projetar mentalmente para o seu corpo em fecundação os clichês de seu conflitante universo íntimo. Também, as dantescas paisagens criadas e vividas em vidas pretéritas, as quais poderão causar deficiências psicoemocionais e corpóreas durante a sua nova vida no mundo da forma.

***

Acompanhemos:

• De imediato, é possível deduzir que a hereditariedade considerada biológica, gravada no DNA, tem o seu clichê no perispírito do espírito reencarnante, uma vez que cada espírito é responsável por seu destino, seu carma, seja ele positivo ou negativo...

• Quando ele vai reencarnar, poderá plasmar, durante o período da fecundação de seu futuro corpo, os estigmas negativos pelos quais poderá passar, inclusive as dificuldades ligadas à saúde e, também, deficiências na formação do corpo biológico... Assim é que, antes de nascer, devido a condicionamentos psicológicos insculpidos por ele, principalmente por causa da culpa, do remorso, ele poderá estigmatizar negativamente o seu futuro corpo...

• Outro aspecto a ser considerado é ele nascer externamente normal e, com o passar dos anos, surgirem doenças materializadas no corpo físico causadas pelo descenso vibratório das energias armazenadas no perispírito. Em função das fortes "lembranças" que estavam no aparente inconsciente, surgem as desarmonias nos chacras, uma vez que o espírito, ao reencarnar, não fica integralmente isolado de seu passado, seja ele negativo ou promissor. Determinadas situações na vida atual podem produzir lembranças danosas que estavam no 'inconsciente' e causarem desequilíbrio no funcionamento de seus pontos vitais. Evidentemente, determinados males fazem parte de seu programa reencarnatório...

• Existem também situações do presente causadas pelo universo externo que nos projetam para o passado, ativando de nosso subconsciente ou até mesmo do inconsciente profundo lembranças desarmonizadoras, as quais poderão desestabilizar a nossa saúde mental e, como consequência, a biológica...

• Justifica-se, assim, o fato de o atavismo[62] ainda fazer parte da sociedade terrena. Em assim sendo, permaneçamos orando e vigiando, porque, durante a transição planetária, momento de ***separação do joio do trigo***, as doenças atávicas poderão aflorar com maior facilidade, considerando que milhões de espíritos atualmente corporificados estão tendo a derradeira oportunidade reencarnatória na Terra, pelo menos durante os próximos 6.666 anos terrenos.

[62] Reaparição em um descendente de caracteres de um ascendente remoto e que permaneceram latentes por várias gerações (conceito da ciência oficial, mas não espiritual). Fonte: Dicionário online da língua portuguesa.

• Isso porque tais seres humanos ainda não adotaram o Evangelho de Jesus como roteiro sagrado para conduzir a vida. Deduz-se, pela lógica, que muitas doenças deixarão de existir na Terra após a sua higienização...

• Certo é que, caso as referidas energias geradoras de doenças não forem drenadas de nosso perispírito no tempo tão exíguo que nos resta para as grandes hecatombes terrenas, se o espírito for exilado para outros mundos levará consigo as suas toxinas no perispírito, para serem drenadas nas próximas reencarnações no planeta para onde for exilado.

***

Fica evidente, portanto, que a hereditariedade biológica é aparente, haja vista que os espíritos que reencarnam na mesma família e que têm as mesmas doenças são aqueles que se comprometeram diante dos Estatutos da Vida ao praticarem os mesmos ou similares erros. Ao serem autorizados a reencarnar, os coordenadores de tal evento juntam espíritos reencarnantes no mesmo grupo familiar ou social, os quais poderão sofrer dos mesmos males por causa da hereditariedade psíquica e não biológica, o que solicita dos cientistas novas avaliações sobre o atavismo e apurada pesquisa sobre as reencarnações e a hereditariedade. Tenhamos sempre em mente que ninguém sofre por procuração, justificando, assim, que a má formação genética do filho ou as doenças, de modo geral, não foram herdadas de seus genitores, pois ninguém pode sofrer por outrem, considerando que a Lei de Deus determina que se dê cada qual segundo as suas obras.

Pergunta 59: - Quer dizer que, quando as crianças nascem deformadas ou com qualquer outra doença, não foram heranças biológicas de seus progenitores, mas herança psíquica, trazida pelo espírito reencarnante?

Resposta: – Sabemos que, além de não ser possível alguém sofrer as dores de outrem, as Leis de Deus não permitem que os pais transfiram para os seus descendentes as cargas tóxicas de seus perispíritos, pois *cada qual colhe os frutos de sua semeadura.*

***

Para nossa reflexão:

• Quando acontece o considerado atavismo, a remota causa responsável pela doença nas futuras gerações foi gerada por aquele espírito que, em épocas recuadas, infringiu as Leis do Criador. Os seus futuros pais que, possivelmente, vão sofrer junto com os filhos portadores de determinados males, podem ter sido apenas coparticipantes nas ações comprometedoras e que geraram reações nefastas. Também existem pais especiais que aceitam espontaneamente amparar espíritos necessitados de compaixão, pois que vão reencarnar com problemas na saúde e que, no entanto, não conviveram anteriormente. São atos de amor incondicional...

• Estejamos cientes de que os carmas negativos são resgatados pelas individualidades espirituais, mesmo quando as catástrofes envolvem coletividades, pois, diante das leis imponderáveis cada indivíduo fica sozinho. Os chamados carmas coletivos de uma sociedade continental, planetária, constelatória, galáctica etc. necessitam de outros parâmetros para entendermos. Em assim sendo, sejamos facilitadores para que os nossos filhos e aqueles que fizerem parte de nossa vida cumpram seus carmas negativos com dignidade, sem serem tomados pela revolta gerada pela incompreensão, acusando seus pais, por não conhecerem a Lei de Causa e Efeito. Também esses pais não devem se punir, uma vez que as doenças de seus filhos são reações de suas próprias ações...

• Quem nunca disparou uma arma contra os seus semelhantes, mas teve uma fábrica de armas da morte, de alguma forma, mesmo sendo de maneira indireta, tem responsabilidade diante da Legislação Divina, razão pela qual também receberá os efeitos das ações danosas causadas pelas armas de sua fábrica. É de bom senso ressaltar que nós ficamos emocional e energeticamente vinculados às nossas criações, sejam elas positivas ou negativas.

Existem casos em que os Senhores do Carma reúnem grande número de pessoas com comprometimentos iguais ou similares diante dos Estatutos da Vida para "queimarem carma" em um mesmo evento. Têm sido notórios os acidentes e os incidentes que aconteceram e acontecem envolvendo a terra, o fogo, o ar e a água. São os chamados resgates coletivos, mas tais carmas não foram, necessariamente, gerados em função da má convivência humana em vidas anteriores entre as pessoas envolvidas no evento do resgate, mas têm o mesmo teor energético e o consequente desajuste diante das Leis de Deus... Foram pessoas que, mesmo vivendo distantes umas das outras, se comprometeram diante das leis soberanas e precisam resgatar os seus carmas, pagando *ceitil por ceitil*.

Evidentemente, estamos generalizando para chamar a atenção, em especial quanto às doenças, sem nos determos nas características corpóreas, como, por exemplo, cor de pele, altura da criatura etc. e outros caracteres registrados no DNA como herança dos pais. Ressaltemos que uma boa genética dos pais facilitará que o espírito consiga se expressar em seu novo corpo com mais amplitude. Um exemplo bíblico bem conhecido foi Jesus ter nascido da genética dos descendentes de Davi.

Pergunta 60: - Quando os espíritos vêm exilados de outros mundos para a Terra e não tiveram condutas que contrariam os princípios ético-morais estabelecidos pela sociedade terrena, como se justifica passarem por agruras coletivas, junto com espíritos terráqueos?

Resposta: – A Legislação Divina é universal, pois o Legislador Supremo é a perfeição absoluta e onipresente no universo. Consequentemente, não existem leis diferentes para diferentes redutos no espaço sideral.

Ao sermos exilados, levamos conosco as nossas virtudes e os nossos comprometimentos com as Leis do Criador.

***

Para nossa reflexão:

- Os registros positivos e negativos fazem parte do espírito imortal e eterno, que os levará para onde for...
- Ao reencarnarmos em outros mundos, se formos tragados pelas adversidades de qualquer natureza no novo ambiente pla-

netário na imensidão do cosmo, resgataremos o nosso carma, uma vez que as Leis de Deus são de regência universal...

• Em sendo o espírito o agente, para onde ele for transferido, nas *muitas moradas do Pai-Criador*, levará consigo os seus registros cármicos e cumprirá os imperativos da Legislação Divina, para quitar os seus débitos, pagando *ceitil por ceitil.* Certo é que, mesmo sem a convivência humana no mesmo mundo, a lei encontra meios para disciplinar a nossa conduta, sendo que o ser humano, embora 'desconhecido' em seu novo reduto no espaço sideral, encontrará um agente por afinidade para lhe auxiliar a "queimar" o seu carma, atendendo ao chamado da Lei dos Afins.

É de bom senso ressaltarmos que nenhum espírito se torna livre, ou seja integral, enquanto não *quitar o último ceitil* diante das Leis do Legislador Supremo. Também, estejamos conscientes de que o nosso comprometimento é com a Lei de Causa e Efeito, o qual poderemos resgatar em qualquer reduto do universo, independentemente de termos convivido com os integrantes do novo mundo para onde formos, pois o nosso ajuste é com a lei. O ser humano, como nosso suposto adversário, é apenas um agente da Lei de Deus, a quem devemos ser gratos por nos ajudar a quitar o nosso carma.

Quando nos comprometemos envolvendo outro ser humano, é saudável nos desvincularmos urgentemente através do perdão, de preferência na mesma encarnação, seguindo os ensinamentos evangélicos. Ao pedirmos verdadeiramente perdão a alguém com quem tivemos algum desencontro, essa pessoa não é obrigada a nos perdoar, pois ela possui livre-arbítrio, mas o importante é que ficaremos desvinculados emocionalmente dela, e ela ficará atrelada à Lei de Causa e Efeito, convivendo com os reveses da vida para aprender a se perdoar e, assim, ter condições de perdoar os seus imaginários algozes, pois na Criação não existe acaso, conforme é de domínio popular.

***

Você, leitor! Utilize a sua força-energia e faça uma rogativa ao Supremo Criador, convicto de que o primeiro a receber o retorno de sua sagrada ação é você mesmo.

Diga-Lhe:

Deus!

Fonte Eterna da Vida!

Rogo a Ti bênçãos para os Teus filhos terrenos nesta sacrossanta hora de transição planetária!

Senhor!

Estou com os pés apoiados sobre a Terra, contemplando a Tua magnificente obra...

Olhando com os olhos da imaginação os harmônicos movimentos elípticos do universo estelar...

Vendo bilhões de galáxias rodopiando sincronicamente em torno de Ti.

Senhor!

Estou imaginando milhões de anjos, arcanjos, querubins, serafins e outros tantos espíritos iluminados e luminosos empenhados em renovar o Cristianismo e em conscientizar a humanidade terrena quanto ao sentido sagrado de Tua Criação.

Meu Deus! Meu Criador!

Entre bilhões de corpos celestes, estou aqui na Terra, em um grãozinho de Tua Magnífica Criação, no exercício da minha evangelização...

Estou aqui vendo bilhões de astros se integrando e desintegrando no vaivém de diástoles e sístoles, sentindo o eterno pulsar do universo criado!...

Com bilhões de bilhões de criaturas respirando o Hálito da Vida criado por Ti!

Deus Supremo! Autor da Vida!

O Cristo Terráqueo convocou a humanidade para reformular o Cristianismo e nomeou Jesus — o Nazareno Mestre — para nos guiar e nos orientar... Suplico a Tua sagrada ajuda!

Senhor!...

Supremo Pai de Bondade e Justiça!

De joelhos neste genuflexório chamado planeta Terra, diante do Altar da Tua Criação, estou rogando a Tua bênção e uma cota extra de energias que me impulsionem a buscar novos e eternos conhecimentos, a fim de que me torne operante em Tua sacrossanta proposta de renovar o Cristianismo!

Abençoa-nos, Senhor!

Abençoa o nosso planeta e a sua humanidade!
Abençoa todos os seres viventes da Terra!

Graças a Deus!
Amém!

***

Como aceitar um convite para se vincular às coisas dos Céus, se o coração está ligado às coisas da Terra? Também não basta apenas querer participar das núpcias celestiais: é preciso que, meritoriamente, se esteja em condições espirituais adequadas.

Evangelização é sinônimo de humanização, pois a criatura evangelizada torna-se naturalmente fraterna, alegre, corajosa, otimista, simpática, serena, desprendida, solidária, compreensiva, perseverante, humilde, jovial.[63]

[63] Extraído do livro *O evangelho e a lei de Deus.*

Capítulo 21
O passado inibidor do presente

Pergunta 61: - Por que o passado de bom percentual das criaturas humanas que compõem a sociedade terrena é inibidor do presente, a ponto de lhes dificultar as expressões de amor de forma mais universalista?

Resposta: – Primordialmente, as causas foram geradas diante da Lei de Causa e Efeito. Por ser da lei que os efeitos acompanham as causas, a criatura que desencarna com fortes traumas, causados, principalmente, pelos desafetos, poderá encontrar dificuldades, nas próximas existências, para expressar carinho, afeto, mansuetude, ternura, ou mesmo expressivo amor por seus semelhantes. O seu passado, mesmo parcialmente, continua vivo em seu subconsciente, considerando que a morte biológica não apaga as suas experiências diante das Leis de Deus, tenham sido estas positivas ou negativas. Existem os registros negativos até mesmo na fecundação, pois muitos filhos são concebidos sem qualquer preparação psicológica por parte de seus progenitores. Também existem os casos em que os pais, principalmente os varões, ignoram ou abandonam os seus filhos, causando-lhes fortes traumas.

O espírito, por ser imortal e eterno, responsável pelas ações usando de seu sagrado, mas perecível e temporário corpo somático, caso tenha se comprometido diante da Legislação Divina, quando os coordenadores anunciam o seu próximo reencarne, dependendo do grau de consciência que já tenha adquirido, poderá ter reencarnações altamente proveitosas ou congestionadas por vários fatores em função dos registros negativos, os quais são levados por ele para a sua próxima vida. Os sofrimentos são mais atrozes para aqueles que ficam remoendo o passado, mesmo sabendo que os erros do ontem só poderão ser corrigidos no presente ou no futuro, pois o passado passou.

Pergunta 62: - Quando o espírito tem alto comprometimento com as leis divinas, existe algum tipo de orientação preparatória quando ele está prestes a reencarnar?

Resposta: – Os coordenadores das reencarnações são altamente didáticos e, assim, orientam amorosamente os que vão retornar ao corpo biológico, mas sempre advertindo que, por serem portadores de livre-arbítrio, se esforcem para fazerem as melhores escolhas.

Durante o período de preparação psicológica para o espírito que vai reencarnar, mas que poderá passar por momentos difíceis, visando ao seu reajuste diante da Lei de Causa e Efeito, ele é conscientizado de possíveis agruras quando estiver no corpo somático, o que significa dizer que vai reencarnar sabendo das possibilidades de suas desditas.

Tenhamos em mente que a prática da caridade desinteressada é excelente atenuante de nossas dificuldades existenciais. Assim, uma vez que, após encarnados, não alcançaremos com nitidez os acontecimentos dos nossos próximos passos, pratiquemos a 'caridade preventiva', evidentemente sem tocarmos a trombeta, pois Deus sabe o que todos nós silenciosamente fazemos.

Também, conforme é do conhecimento dos espiritualistas, dependendo de sua força e do seu estado mental, ele poderá, durante a composição de seu corpo ainda na formação fetal, ir plasmando as dificuldades que poderá ter, causando deformidades em seu futuro corpo. Tomado pela culpa, caso fique preso aos quadros mentais elaborados negativamente por ele mesmo, há possibilidade de configurar mentalmente até mesmo um corpo teratológico, devido às "lembranças" dos fortíssimos registros negativos de suas ações em vidas anteriores. Para evitarmos tais situações, o ideal é exercitarmos o autoperdão no dia a dia para ficarmos mentalmente livres antes de desencarnarmos, evitando, assim, estigmatizarmos negativamente o corpo que nos servirá na próxima reencarnação, uma vez que os registros vão no perispírito.

Observemos que, diante da Legislação Divina, nós somos

juízes de nós mesmos. Assim é que, quando o espírito recebe o aviso de que vai reencarnar, caso ele tenha sido um fora da lei, poderá entrar em convulsões íntimas e, dependendo das provações previstas quando corporificado, ele tem possibilidade de ir desenhando mentalmente o seu holocausto consciente para cumpri-lo no plano físico. O ideal seria que ele começasse a orar, pedindo aos benfeitores amparo para passar pelos seus momentos difíceis elegantemente, porque na Obra de Deus não há acaso.

Justifica-se, dessa forma, o fato de milhões de encarnados viverem mal-humorados, mesmo sem explicação lógica e objetiva. É que o seu passado está presente e vai acompanhá-lo até que ele pague o último ceitil e se perdoe. Por conseguinte, é de bom senso relembrar que, antes do autoperdão, ele não conseguirá a cura definitiva, pois estará acompanhado de tenebrosas e sombrias lembranças. Isso porque, quem não se perdoa, além de demonstrar que é um pigmeu em termos evolutivo-espirituais, poderá continuar gerando novos carmas negativos, principalmente por reclamar das dificuldades corriqueiras da vida e, consequentemente, sem quitar os seus débitos anteriores.

Também existem os casos em que, durante a vida, mesmo a pessoa portadora de corpo aparentemente saudável, embora portadora de energias danosas, as quais ficam silenciosamente armazenadas em seu perispírito, as quais poderão "descer" para o corpo físico quando o ser humano sofrer fortes impactos emocionais, para serem drenadas, advindo daí as doenças, o que é muito comum de acontecer quando a pessoa não compreende os reveses da vida ou se revolta com as dificuldades existenciais. É por isso que a reclamação de qualquer natureza é antivital perante a Legislação Divina, pois reclamar é antecipar o desencarne a longo ou curto prazo. Em assim sendo, devemos ter muito cuidado com os impactos emocionais.

***

Para nossa reflexão:

• Observando as tendências naturais em crianças e adolescentes, percebe-se se elas trazem de vidas anteriores resquícios positivos ou negativos, pois o espírito, ao reencarnar, não anula integralmente a sua consciência, haja vista crianças realizando maravilhas nos quatro pilares da sociedade, levando os seres humanos adultos a pesquisarem com mais afinco sobre a reencarnação...

• Quando nas encarnações anteriores praticamos atos delituosos, existem fortíssimas possibilidades de a nossa vida atual ser inexpressiva, quando se tratar de demonstrar, à luz do dia, amor pelo Criador e pelas criaturas. Isso porque, mesmo estando em um novo corpo biológico, o nosso universo íntimo emite informações ao nosso consciente, sinalizando os momentos luminosos e os sombrios que estão gravados em nossa alma, sendo que o sentimento de culpa é negativamente avassalador, além de responsável pela falta de expressões de amor pelo Deus-Criador e pelos deuses-criaturas...

• As experiências positivas e negativas que tivemos diante dos Estatutos da Vida sinalizam como será a trajetória de nossa atual reencarnação, pois somos os construtores de nossos destinos. Por conseguinte, estejamos atentos, pois, pelas nossas inclinações atuais, poderemos identificar o nosso passado — se luminoso ou sombrio.

Em assim sendo, fica claro que o nosso passado justifica, na vida atual, as tendências naturais e automáticas como resquícios de vidas anteriores, sendo que, de acordo com a intensidade que imprimimos aos acontecimentos em nossa alma, colheremos na vida atual ou nas futuras os frutos adocicados ou amargos de nossa semeadura.

Pergunta 63: -Existem pessoas que aparentam ser totalmente desprovidas de amor, a essência da vida. Uma vez que amar é a suprema ciência da vida universal, por que nós, portadores da essência de Deus, encontramos tanta dificuldade para expressar amor por nossos semelhantes?

Resposta: – Todos somos portadores do amor de Deus, pois se assim não fosse, não teríamos vida, considerando que não há possibilidade de separar vida de Deus nem Deus da vida, haja vista que vida e Deus formam uma unidade e nós somos partes não apartadas Dele.

Esclarece-se, assim, o porquê de indivíduos portadores de

traumas gerados pelo desamor em vidas passadas não conseguirem, atualmente, expressar amor em plena luz do dia. São pessoas blindadas para com as emoções superiores, tanto aquelas que fazem parte do plano imanente quanto as dos planos transcendentes. Tais criaturas, talvez quando em ambientes fechados, à "prova de som e de luz", consigam falar de amor, ou até mesmo ter condutas que expressem meiguice, ternura, mansuetude, docilidade etc., principalmente se estiverem almejando um colóquio mais íntimo de natureza sexual. Justifica-se, assim, o fato de muitos, principalmente os seres masculinos, fazerem uso de álcool ou drogas para saírem da inibição castradora de emoções crísticas causadas pela excessiva racionalidade, razão pela qual não manifestam atos de brandura e de aconchego antes do ato sexual. São indivíduos imediatistas e excessivamente egoístas, pois, de modo geral, só valorizam o seu bem-estar, o seu egoístico prazer.

É bom relembrar que os educadores desses doentes emocionais devem encaminhar tais criaturas, desde jovens, de preferência antes de brotar-lhes a sagrada puberdade, para tratamentos psicológicos, diminuindo, assim, a possibilidade de se ter mais doentes comportamentais na sociedade.

***

Vamos refletir sobre os Adventos Crísticos e sua implantação na alma terrena nesta fase especial de transição planetária:

- Os coordenadores espirituais do inusitado convite para renovar o Cristianismo esperam que os intérpretes da mente divina sejam guias a iluminar consciências. Quando de suas convictas pregações, façam os seus ouvintes se sentirem iluminados por vibrações íntimas de motivação, entusiasmo e esperança... Faça-os sentirem vibrar em suas almas as harmonias celestes que encantam a vida dos terrestres...
- É esperado, também, que o expositor do Crístico Advento tenha voz de ação terapêutica, fazendo com que o seu ouvinte aumente a sua frequência mental e sinta os anjos das esferas edênicas povoando o seu mundo íntimo, atraídos pelas paisagens paradisíacas descritas pelo porta-voz da Luz... Aquela voz firme, porém, doce, capaz de fazer com que os seus ouvintes dos

dois planos sintam as emotividades superiores geradas pelo som da voz de um crístico pregador do Cristianismo Renovado...

• Nesse clima de efusão e júbilo espiritual... Com os ouvintes entregues ao tropismo da Divina Luz do Cristo... Com todos sentindo o seu mundo íntimo mais vibrante, mais luminoso, mais rico de verdades e emoções crísticas, teremos o universo conspirando positivamente a nosso favor... E, assim, aproveitando o estado extático do momento em que todos, em um ato de reverência ao Cristo Cósmico, cantem hinos de gratidão aos coordenadores do plano luz responsáveis pela implantação dos Adventos Crísticos no planeta Terra...

• Uma vez que Jesus, o guia do Cristianismo e sintetizador cósmico das verdades eternas, utilizou apenas Sua Misericordiosa Voz para realizar maravilhas, patente ficou que a voz firme, porém dúlcida, pois com eflúvios da convicção, aproxima as almas da fonte refulgente de Deus — o Autor da Vida —, pois conduz os ouvintes às dimensões habitadas por seres portadores do amor puro...

• Por assim ser, os Adventos Crísticos têm mais do que motivos para valorizar a palavra falada... A voz firme da convicção, embora meiga em função da evolução moral do expositor dos ensinamentos adventistas... Porta-voz do Nazareno Mestre...

• A voz do conferencista, quando os ensinamentos fazem parte de sua alma, transporta magnetismo de plenitude e aromas de procedência divina, causando nas assembleias de ouvintes a vontade de alcançar a frequência dos anjos... A entrarem em êxtase divino provocado pelo contato vibratório com as mansões dos bem-aventurados.

• O homem atual não é muito diferente do homem de há dois mil anos, pois sempre que a Lei do Criador solicita o resgate de nossas dívidas, manifestamos, com raras exceções, nossa insatisfação, como se Deus não fosse perfeito. O momento planetário solicita mudanças para a Era de Aquário, de forma que compreendamos a Legislação Divina.

Enquanto o homem não compreender que *na ação está a natureza da reação*, por certo continuará concebendo um Deus antropomórfico, cujas reações à Sua Lei não têm o objetivo de disciplinar, mas de se vingar dos homens, Seus amados filhos.

Vamos cultuar um Deus de bondade e justiça, considerando que a nossa evolução moral já nos permite.

***

Para este momento de ***separação do joio do trigo***, Jesus sugere que não se arranque o joio em meio ao trigo antes da fase da colheita, de vez que, em razão do emaranhado das suas raízes, a separação no momento inadequado poderia trazer prejuízo também para o trigo. Logicamente, o homem, em sua ação, desnuda-se, o que permite se reconhecer nele o lobo ou o cordeiro. Na condição de cordeiro, é um ser espiritualizado e espiritualizador que consegue fazer florescer na consciência de seus semelhantes o trigo vigoroso de sua convicção.

Quem não usa da astúcia semeando a discórdia, agindo na surdina da noite, aproveitando o momento em que os trabalhadores convictos repousam para o refazimento... Quem não usa da malícia, semeando a erva daninha que sufoca e mata, embora mantenha a aparência externa como se trigo fosse, por certo não é joio.[64]

[64] Extraído do livro ***O evangelho e a lei de Deus***.

Capítulo 22
A dor para a elevação moral

Pergunta 64: - Como concebermos que a dor é capaz de elevar a nossa frequência mental, a ponto de melhorar a nossa moral, ou seja, a nossa busca consciente de Deus?

Resposta: – Ao partirmos do princípio universal de que a moral cristã é a nossa consciente e progressiva integração a Deus, a dor, quando compreendida, aciona o nosso eu crístico, a centelha do Criador latente nas criaturas, advindo como resultante a nossa elevação moral, devido a aumentarmos a nossa frequência mental ao buscarmos um lenitivo em Deus.

Diante dos objetivos supremos da vida, inicialmente, a dor desempenha excelente papel para conscientizar o espírito, enquanto ele for *simples e ignorante* quanto à sacralidade da vida existencial. Em um segundo momento, quando ele estiver mais evoluído, naturalmente mais consciente de que é portador dos divinos atributos de Deus em si, a dor é alavanca propulsora para acelerar a sua frequência mental e, assim, identificar na Criação o Criador, pois onde tem vida, tem o Autor da Vida. Todos possuímos o divino gene de Deus-Causa, daí, na condição de deuses-efeitos que somos, impreterivelmente retornaremos ao Deus-Criador.

***

Para abraçarmos a dor a ponto de ela causar a nossa elevação moral:

• Tenhamos em mente que tudo que vem de Deus é perfeito, tendo em vista que, por ser Ele a perfeição absoluta, não há erros em Sua Criação. Em assim sendo, reclamarmos de nossos momentos difíceis é onerarmos o nosso carma negativo...

• Nos conscientizemos de que a dor provoca estímulos para despertar o nosso Cristo interno, o nosso Cristo-Amor e, corajosamente, sairmos do vazio existencial e darmos sentido crístico à vida, para alcançarmos os objetivos sagrados de cada reencarnação...

• Aceitemos os desígnios de Deus, porque compreendemos a Legislação Divina e nunca como castigos advindos dos Céus.

Segundo Pietro Ubaldi, "se a dor faz a evolução, a evolução anula progressivamente a dor". Em assim sendo, fica transparente que as nossas dores, inicialmente, fazem parte de nossa trajetória para quitarmos o nosso carma, pagando *ceitil por ceitil*. Na sequência, em um estágio mais evoluído, já que aprendemos a conviver elegantemente com a dor, ela serve para elevar a nossa frequência mental e sentirmos experimentalmente Deus de maneira mais cósmica. Com tal grau de consciência, demonstraremos, perante as Leis do Supremo Legislador, que atingimos a nossa meta e saímos da faixa evolutiva de provas e expiações para começarmos a nossa regeneração e o nosso progresso rumo ao Criador.

*Pergunta 65: - **Em sendo a dor, de modo geral, efeito de causas pretéritas, de que maneira os seres humanos vão se esclarecer, a ponto de compreenderem que o paraíso eterno almejado por eles, evidentemente sem dores nem sofrimentos, por enquanto, é uma utopia fantasiosa criada por religiosos sem religiosidade?***

Resposta: – Em *A Grande Síntese*, Pietro Ubaldi escreveu: "a dor tem uma função fundamental de equilíbrio na economia da vida e, como tal, não pode ser eliminada; ela é íntima função de ordem, função biológica construtiva, como excitante de atividades conscientes".

O bom senso nos leva a refletir que o paraíso almejado por muitos humanos não é um 'lugar' no cosmo, mas um estado de consciência adquirido individualmente e por esforço próprio. Por assim ser, *quem já adquiriu um Céu no coração, vive nele em qualquer lugar*, segundo Shaolin[65].

[65] Extraído do livro *Jesus voltando*.

Os investimentos que fizemos através de milênios, em pesquisas científicas para eliminarmos a dor do cenário terreno, até agora não foram satisfatórios, porque as pesquisas têm sido realizadas partindo das dores-efeitos, sem se deterem nas causas geradoras. Certo é que, sem conhecermos as causas, não há possibilidade de combatermos eficazmente os efeitos e obtermos resultados mais amplos. Evidentemente, enquanto não conhecermos as causas geradoras de nossos carmas negativos, continuaremos tendo ações, reações e atitudes que contrariam os princípios ético-morais cristãos.

Tenhamos em mente que:

• A evangelização do ser humano é remédio para combater todos os males da humanidade....

• Em uma sociedade evangelizada, não faltará pão na mesa de um só ser humano; não haverá guerra, porque os componentes da sociedade reconhecerão que somos todos irmãos, filhos do mesmo Pai de bondade e justiça; não haverá prática de aborto nem eutanásia, porque todos reconhecerão que, segundo Pietro Ubaldi, "não existe ética superior à vida"; não existirão crianças analfabetas; não teremos homens matando homens, devido a diferentes bandeiras, cor de pele ou por outras razões quaisquer; também não teremos homens portadores de conduta animal, agredindo seus semelhantes, muito menos as mulheres, as médiuns da Vida, as médiuns de Deus...

• O Evangelho, por ser a síntese de todas as verdades, o homem-espécie evangelizado não precisará combater as dores cármicas, uma vez que as suas ações não contrariarão os Estatutos da Vida. Serão homens integrais.

Vamos concluir este item salientando que, na Era do Mentalismo, momento de transição planetária, e com a inquestionável *separação do joio do trigo*, os espíritos terrenos que, por mérito, continuarem encarnados e reencarnando na Terra serão altamente estimulados a mudanças substanciais de conduta, em função da presença de milhões de espíritos mais evoluídos da própria Terra que estão reencarnando neste abençoado orbe, e outros tantos vindos de outros redutos siderais, e que servirão de novos e evangelizados modelos.

Nesta nova fase da Terra, o ser humano compreenderá, na sequência dos anos, que, sem conhecer as leis da Reencarnação e de Causa e Efeito, continuará agindo e reagindo, gerando carma negativo e, naturalmente, convivendo com dores e sofrimentos.

Pergunta 66: - Podemos concluir que, em Aquário, a humanidade terrena vai conceber que a dor, nas escolas planetárias, serve, primordialmente, para a elevação moral das criaturas?

Resposta: – Evidentemente que, concluída a *separação dos lobos dos cordeiros*, os espíritos que continuarem na Terra se sentirão motivados para aquisições morais mais abrangentes, independentemente da presença dos mais conscientes quanto à finalidade sagrada da vida e que estão chegando de outros mundos do cosmo, os quais modelarão as próximas gerações terrenas.

O ser humano, compreendendo o sagrado papel da dor:

- Mesmo os que estão sem as doenças no corpo somático, aquelas que eram comuns a todos nós e que fizeram parte da sociedade, no milênio em curso, os terráqueos se empenharão para vencer as suas dores morais, eliminando definitivamente, como consequência, as dores biológicas. Em outras palavras: as doenças de nossas almas são responsáveis pelas doenças de nossos corpos físicos.
- O homem terreno, que já não tem dúvida quanto ao momento seletivo da Terra, doravante se dedicará a adquirir conhecimentos sobre a vida além da vida corpórea, o que lhe exigirá hercúleo esforço, por causa da luta que deverá empreender para vencer a sua ancestralidade. No entanto, sabemos que, enquanto não abraçarmos carinhosamente as nossas dores psicossomáticas, não nos libertaremos das reencarnações compulsórias.
- Por estarmos na *fase da queda de nossas máscaras*, o momento exige transparência na condução da vida, convictos de que, na Era de Aquário, os mascarados serão exilados para mundos compatíveis com as suas tacanhas aspirações.

Assim, podemos deduzir que a civilização do terceiro milênio será formada por espíritos mais conscientes, pois concederão que a dor nas escolas planetárias serve, primordialmente, para a elevação moral das criaturas.

***

Vamos conversar com Deus!

Meu Deus!
Supremo Artífice da Vida!
Estou na Terra!
Estou na Via Láctea!
Estou entre bilhões de galáxias!
Estou singrando os espaços siderais e contemplando
trilhões de estrelas flutuando no cosmo!
Supremo Senhor da Vida!
Estou extasiado, Senhor, com a magnífica beleza
policrômica do universo!
Sei que sou parte não apartada de Ti, meu Deus!
Sei que sou Luz, pois sou filho da Suprema Luz!
Sei que sou amor, pois sou Teu filho!
Sei que sou bondade, pois sou um naco de Ti!
Ajuda-me, Senhor!...
Ajuda-me a trazer ao meu consciente o meu Cristo interno!...
Ajuda-me, Pai, a tornar-me operante na Tua Sagrada Obra!...
Ajuda-me, por misericórdia, a ter condições para
representar Jesus na Terra!...
Ajuda-me a aceitar e seguir os novos rumos a que o
Cristianismo me conclama!
Senhor!
Doa-me, por misericórdia, uma cota extra de energia vital,
Pois quero contribuir com a conscientização da sociedade
Quanto aos novos rumos do Cristianismo Renovado...
Quero ser porta-voz do Nazareno Mestre,
Levando a Sua palavra aos meus semelhantes.
Ilumina, Pai de infinita bondade e justiça, a minha
consciência,

A fim de que eu possa refletir para o mundo a imagem d'Aquele que *também é caminho, também é verdade e também é vida,*

O meu irmão mais velho — Jesus de Nazaré[66].

Graças a Deus!
Amém!

***

Perfeita é a Lei de Deus, pois cada ação traz em si a natureza da reação, uma vez que a infinita bondade não prescinde da infinita justiça. Em assim sendo, o agente-causa é sempre o primeiro a receber a reação-efeito. O universo se mantém em equilíbrio cósmico devido à eterna justiça de seu Criador e à retidão da constituição cósmica, que não permite o caos.
Para a lei, perfeita e automática, é indiferente se a ação advém de um descrente de má vontade ou de um crente de boa vontade: a reação é sempre integral para cada nível de consciência. Daí Jesus ter asseverado: "Com a mesma medida com que tiverdes medido, também vós sereis medidos".[67]

[66] Extraído do livro *Os novos rumos do cristianismo.*
[67] Extraído do livro *O evangelho e a lei de Deus.*

Capítulo 23
A dor como função criadora no homem

Pergunta 67: - Como concebermos que, com a dor, nos tornaremos mais criativos?

Resposta: – Por ser a vontade um atributo da divindade no homem, quando surge a dor, de imediato, consciente ou inconscientemente, recorremos a Deus. É a vontade do Deus-criatura buscando um alento no Deus-Criador. Tal impulso íntimo faz parte da natureza humana, que, sem racionalizar, procura, de imediato, preservar a vida instintivamente, considerando que assim é a nossa divina idiossincrasia.

Vamos esclarecer:

• A mônada, mesmo no reino animal, evidentemente sem a racionalidade humana, obedecendo ao sagrado comando do Criador, a essência divina contida nela responde ao deotropismo, razão pela qual ela luta para preservar a vida. Com tal ação, ela demonstra que, onde tem vida, tem Deus e onde tem Deus, tem vida, pois é uma constante universal.

• Diante da incômoda dor, o espírito humano, mesmo que não tenha muita experiência com o Criador, mergulha em seu universo íntimo para buscar, em seu âmago, recursos que possam amenizar o seu mal-estar, embora nem todos tenham condições para compreender a sua causa. Quando mais evoluído, por reconhecer que a sua dor é reação de suas ações pretéritas, suplica ao Supremo Pai energia-força para absorvê-las sem reclamar, evitando, assim, gerar novos carmas negativos e, consequentemente, novas dores.

• Uma vez que os atributos de Deus permanecem eternamente na consciência do espírito, em seus momentos de dor ou outros tipos de agruras ele se torna, progressivamente, mais criativo. É o trabalho sagrado gerado pela necessidade de Deus alavancando do espírito os seus recursos latentes para, por esforço próprio, trazê-los ao consciente e se autorrefazer.

Observemos a sacralidade da dor na economia da vida em todo o universo, pois, em função do longo tempo que ela permanece conosco em cada reencarnação, certamente que aprenderemos as suas pedagógicas e evangélicas lições e, na sequência do tempo, nos tornaremos pessoas integrais. Daí ser o Evangelho do Nazareno Mestre o mais crístico antídoto para combatermos as nossas dores e ficarmos definitivamente curados.

Pergunta 68: - Em sendo a mensagem evangélica trazida à Terra pelo Nazareno Mestre o remédio mais eficaz para deixarmos de contrariar as leis soberanas da vida, por que o homem-espécie ainda não se medicou, considerando que o sublime médico de almas prescreveu o remédio evangélico para todos os males da humanidade há mais de dois mil anos?

Resposta: – A lucidez espiritual que já adquirimos, por ser muito recente, ainda não foi suficiente para substituirmos os clichês negativos que geramos em vidas pretéritas. Assim, tendo em vista que o nosso passado nos acompanhará pela eternidade, pois faz parte de nossas experiências positivas e negativas, vamos aguardar os próximos eventos planetários, os quais nos levarão a sentirmos mais necessidade de Deus. Aí, sim, após tais acontecimentos apocalípticos, que fazem parte inconteste da atual transição planetária, nós começaremos a vivenciar a mensagem do Sublime Anjo — Jesus de Nazaré.

Para a mensagem do Nazareno Mestre passar a fazer parte de nossa rotina:

- A nossa ideologia precisará se sobrepor à nossa biologia, pois é constante universal. Para os indivíduos de pouca evolução moral, o esforço deve ser maior.
- Será necessário que os tesouros celestes ocupem o primeiro lugar em nossas aspirações, em relação aos tesouros terrestres.

• Estaremos convictos de que as conquistas morais são para a eternidade. Daí o nosso sagrado esforço para vencermos a nossa ancestralidade animal, já que não é possível deletá-la, mas substituí-la, em nossas aspirações, por valores nobres e ascensionais, visando sempre ao eternamente novo.

Pergunta 69: - Por ser o amor a essência e o essencial para não sermos visitados pela dor-resgate cármico, assimilados os ensinamentos apresentados pela proposta dos Adventos Crísticos, o ser humano viverá mais harmonizado com as Leis de Deus e, consequentemente, sem gerar carma negativo? Será que teremos condições para sermos porta-vozes do Cristianismo Renovado?

Resposta: – Inquestionavelmente, sim, por ser o amor o remédio sem contraindicação para todos os males da humanidade da Terra e do universo. Embora o estágio evolutivo de grande percentual da sociedade terrena já seja expressivo, devido a conhecerem as leis da Reencarnação e de Causa e Efeito, muitos ainda não compreenderam o papel sagrado que a dor-redenção desempenha em nossa evolução espiritual. Nesse item, temos também de considerar que a dor, para elevação da frequência mental do ser humano, ainda não foi concebida pela maioria dos humanos encarnados na Terra, embora muitos já sejam capazes de realizar maravilhas como porta-vozes dos Céus, mas continuam inibidos.

Os nossos próximos passos na Era do Mentalismo:

• Seremos coparticipantes na construção da obra de Deus e, na condição de espíritos conscientes quanto ao sentido sagrado de nossas existências, seremos instrumentos do Criador Supremo, edificando um novo mundo... Edificando uma nova sociedade, que refletirá para o cosmo que estamos vivendo a sublime Era do Mentalismo com dignidade... Era adequada para despertarmos do nosso universo íntimo a Força Superior do espírito eterno e imortal que somos... Era do despertar do nosso Cristo interno... Era para nos conscientizarmos de que somos deuses, somos luzes...

• Em função das maravilhas que assimilamos durante o

período em que a Terra percorreu o signo de Peixes, no atual momento planetário os mais lúcidos se transformarão, conscientemente, em faróis a iluminar a trajetória daqueles que vierem na retaguarda. Com tal conduta, criarão bases sólidas para a civilização do terceiro milênio... A civilização da força mental crística... Da força da autoiluminação...

• As nossas virtudes, por serem conquistas que levaremos para a eternidade, corajosamente as colocaremos transparentemente a serviço da vida, pois já consolidadas positivamente em nosso âmago e, com tal grau de consciência, não estaremos nos escondendo por trás da falsa humildade ou camuflando o nosso exacerbado orgulho com 'sotaque' de pessoas evangelizadas. Seremos corajosos e transparentes na condução da vida, pois destemidos dos açoites sociais, comuns às escolas primárias. Com tal elenco de valores crísticos inseridos em nossas almas, naturalmente seremos porta-vozes do Cristianismo Renovado... Seremos porta-vozes do Nazareno Mestre, nosso angelical guia e consagrado Tribuno do Cristo-Pai.

Esboçadas as nobres características do homem-espécie do terceiro milênio, ele será facilmente identificado em função de sua expressão corpórea, o tom de sua misericordiosa voz, seu olhar de ternura, sua crística resiliência, transparência na vida mental, portador de ondas mentais identificadoras de sua paz interior, aura resplandecente etc.

Observemos que, assimilar os Adventos Crísticos é dilatarmos a nossa consciência, a fim de galgarmos as dimensões da ascensão espiritual transcendente. Em tais condições, surgem de nosso mundo íntimo a alegria e o bom humor, características de quem já usufrui da felicidade gerada pelo retorno das ondas de pensamento de gratidão emitidas pelos espíritos espalhados pelo planeta, sejam eles encarnados ou desencarnados, e que são gratos por alguma benesse recebida, advinda de quem praticou a caridade silenciosa e desinteressadamente.

***

Você, leitor, em devaneio crístico, imagine-se vivendo a angelical emoção descrita a seguir. Afirme mentalmente:

Convidado pelo Nazareno Mestre, vou com Ele assistir a uma conferência sobre os efeitos psicológicos e curativos das cores.

Estamos comodamente sentados na condição de visitantes, quando adentra ao salão de projeção o instrutor de cromoterapia mental. Diz ele, dirigindo-se aos seus pupilos, após agradável e estimulante saudação:

— Por ser a cor rosa reveladora da energia-força do afeto, da amorosidade, quando em trabalhos de cromoterapia junto à crosta terrestre, induzam os vossos pacientes ao êxtase espiritual... Façam com que eles se elevem à frequência identificadora do amor incondicional... Do amor pelo corpo na condição de santuário sagrado da alma... Do amor pela vida enquanto existência... Do amor pelo Criador e pelas criaturas...

— É necessário despertar nos homens terrenos a vibração do amor imaculado... Aquele amor que faculta à alma um contato com os anjos das cores... Com os anjos que, aproveitando o silêncio da alma humana, procuram auxiliá-la para que ela entre em sintonia com o espírito da cor, recomponha suas energias e harmonize seus chacras e seus plexos...

— Sabedores que somos de que o azul exprime o sentimento religioso... Que o azul é a cor que produz em nós "saudade de Deus", que todos procurem pontilhar a mente com a mais vibrante e sagrada fascinação pela divindade, mantendo na tela mental o azul-celeste...

— Procurem povoar as suas mentes com os mais crísticos espetáculos de cores e luzes... Estados em que a pessoa, mergulhada na beleza edênica de sua criação mental, sente que a sua pulsante vibração está em sintonia com os anjos da beleza, da harmonia celeste... Com os anjos que colorem o universo criado em nome do Supremo Criador... O azul-claro... O azul com a suavidade da cor do céu desempenha a função, no mundo íntimo dos encarnados, de acelerar o metabolismo psíquico. Em tal estado d'alma, ele sente paz interior, serenidade espiritual e se harmoniza com a divindade... Sente que as suas forças vão se recompondo, que a sua saúde vai se restabelecendo.

Na cromoterapia mental, é de bom senso esclarecer aos que vão aplicar e aos que vão receber o tratamento cromoterápico, que:

— O amarelo fará melhores efeitos aos intelectuais. Quando a frequência do amarelo é semelhante à frequência da luz do Sol nascente, desperta no ser humano a vontade de se emocionar com a vida, vivendo...

— O rosa-claro provoca emotividade no humano que já despertou em si a amorosidade... O raio rosa, por ser a cor que identifica o amor, quando aplicado às pessoas de conduta primaveril, jovial, produz efeitos fabulosos...

— O verde-seda, a cor que identifica o raio da beleza, terá mais sucesso se aplicado aos que admiram as belezas naturais, as belezas da Criação... É a cor que expressa sensibilidade poética... É a cor das pessoas naturalmente simpáticas. O verde deve ser aplicado às pessoas positivas, dinâmicas, entusiastas, àquelas que se alimentam da esperança de viver para servir...

Assim, quando em trabalhos de cromoterapia mental, valorizem o esforço do homem-espécie... Do homem que busca conhecimentos libertadores, a fim de se manter em uma frequência cuja luz seja de requintada e divinal beleza, a ponto de se sentir penetrando, por ressonância, nas auras dos anjos das cores...

As cores suaves criam nas almas predispostas ao bem emoções crísticas e estímulos elevados. Por assim ser, ensinem os homens terrenos a viverem conscientemente, mergulhados em um oceano de cores, pois cada criatura é o que ela pensa.

***

É saudável e altamente terapêutico devanear! Você leitor, plasme o sagrado quadro mental a seguir e afirme:

Neste instante, eu e o meu amado Mestre Jesus de Nazaré estamos sentados em um banco improvisado com toras de madeira sobre pedras, dentro de uma lindíssima floresta. Ele, a sublime luz, o meu muito amado instrutor, contemplando a beleza da mãe-natureza, diz-me:

Quando estiveres em tarefa de ajuda aos teus semelhantes... Quando estiveres induzindo os homens ao autodescobrimento, à autoiluminação, à autoajuda, à autocura etc., procura mantê-los em uma frequência mental que identifique o sagrado, que identifique a suprema energia da vida... Procure mantê-los em um estado d'alma de plenitude... Em um estado d'alma tão avassaladoramente crístico, que eles, individualmente, possam dizer, com a energia da convicção da onipotência de Deus em si:

— Eu Sou luz!
— Eu Sou vida!
— Eu Sou um cidadão cósmico!
— Eu Sou essência de Deus!
— Eu Sou amor!
— Eu Sou bondade!
— Eu Sou Deus!

Conduza os teus semelhantes aos divinos devaneios... Leva-os ao júbilo, devido à beleza da Criação, a ponto de ouvirem a maviosidade do Criador.

Eu, neste instante, dentro desta floresta onde estou com Jesus, encontro-me em festa espiritual! Estou observando a magnífica luz que fulge do plexo solar do Nazareno Mestre... Também estou tentando ver até onde se propaga pelo espaço a irradiação de Sua luminosa e angelical aura, quando surge, volitando no ar, um condor gigante cruzando a amplidão, convidando-me a me tornar livre.

Simultaneamente, observo uma águia serenamente também volitando no ar, demonstrando equilíbrio e me convidando a voar com as asas de minha imaginação rumo ao infinito. Ainda em meio à refulgente aura do Meigo Jesus, vejo a figura poética de um beija-flor em seu voo irisado de filigranas coloridas.

É encantadora a natureza! É emocionante interagir com o Criador através deste universo vegetal onde estou com o Nazareno Mestre!... Deste universo onde o amor e a poesia são predominantes na vida!...

É crístico ver os zeladores espirituais da floresta adornando a natureza... Enfeitando o ambiente com candelabros dourados e decorados com cores vivas, fulgentes[68] e em perfeita harmo-

[68] Que tem fulgor; brilhante, fúlgido, luzente, cintilante. Fonte: Dicionário online de Português.

nia que se casa com os mais exóticos perfumes cientificamente combinados.

Agora, aproveitando a sacralidade deste ambiente, diz-me o Divino Arauto da Divindade a serviço do Autor da vida na Terra — o Nazareno Mestre:

— Ouçamos o cântico espiritual que evola neste sagrado ambiente!...

— Ouçamos este concerto de alegria e ternura advindo dos pássaros canoros! Concerto orquestrado pelos espíritos-grupos responsáveis pelos espécimes deste sagrado reduto natural...

Estava eu mergulhado em meu silêncio, ouvindo as canções dos pássaros, quando me disse Jesus:

— Olha quem está chegando para também assistir ao concerto!... Olha o teu Velho Mestre e dileto amigo, o Sol Excelso aureolado em luz branca, chegando acompanhado por uma corte de espíritos ascensionados...

— Vê Maria, nossa eterna Mãe, também chegando acompanhada por uma corte de santificados espíritos...

— Olha a beleza angelical de nossa Mãe Maria!

— Agora, concentremos nossa atenção no espetáculo apresentado pela mãe natureza e pelos seres dos reinos menores da Criação.

— Absorvamos a dádiva sublime por estarmos aqui e, ao mesmo tempo, vermos a natureza à nossa volta se transmutando em mais energia, em mais luzes, em mais vida.

— Aproveitemos esse quimismo vegetal de teor sagrado, causado pela presença desses seres alados, pela exsudação de energias dessas consciências de porte celestial...

— Silenciemos por mais um instante, para sentirmos e haurirmos melhor as energias deste templo natural.

***

Leitor! Fale com o tom da voz de um porta-voz dos Céus... Fale com a clareza de quem não tem dúvida de que *somos o que pensamos, somos o que aspiramos a ser e somos o que amamos*:

Amado Mestre Jesus, anjo da vida! Quando sairmos daqui eu imagino... Eu imagino o estado luminoso de meus corpos físico e energético.

Aliás, tenho certeza de que estarei maravilhosamente energizado... Estarei com todos os campos energéticos de meus corpos em harmonia... Os meus chacras com intenso brilho.

Senhor Jesus, Mestre Amado!

Estou vendo todo o ambiente coberto por fios dourados... Estou entrando em êxtase... Estou recebendo uma unção celestial... Estou entrando em um estado de estesia[69] causado pela essência magnética advinda da mãe natureza e que palpita na intimidade de meu ser.

Sublime Anjo!

Enquanto contemplo a beleza do Sol... Enquanto sinto este torpor de bênçãos neste santuário natural... Enquanto vejo aquela água límpida descendo o córrego, ouço o cântico de sonoridade religiosa do rouxinol acompanhado por um coral de pássaros em revoada. É magnífico, Senhor!... É esplêndido!... É emocionante, Mestre Amado, a obra de Deus!

Neste momento de torpor divino, ao sentir Deus através dos cânticos dos pássaros, retroagi no tempo e perguntei a mim mesmo: "Como pôde Jesus ter realizado aquelas maravilhas há dois mil anos?... Como que Ele realizou aquelas inquestionáveis curas?".

Como que por encanto, surgiram de meu armazém, de meu universo interior, as crísticas lembranças elucidativas em forma de resposta às minhas indagações.

Do meu inconsciente profundo, vem uma voz sem som que me diz:

— Vontade é força da alma que faz a conexão da criatura ao Criador... O conhecimento libertador faz elo de sublimidade com a divindade... Ter inclinações sinceras e transparentes para o divino faz a alma vibrar em dimensões luminosas... Propósito nobre estimula o eu crístico a sentir emoção pelo sagrado... Sentir as supremas palpitações cósmicas... Sentir clarões da vida nova do espírito eterno... Sentir brotar a força do Cristo interno no homem.

[69] Capacidade de perceber sensações; sensibilidade; capacidade de perceber o sentimento da beleza.

Acendeu-se uma luz de grandes proporções no meu mundo íntimo e eu disse:

Amado Mestre!

Já consigo entender o porquê das Vossas maravilhosas curas naquela época! E também o porquê de a natureza atender ao Vosso comando verbal e mental! É que a Vossa voz integrava o homem à pulsação cósmica... Levava os Vossos ouvintes a se emocionarem com a vida e com o Senhor da vida... Preenchia em nosso íntimo os espaços 'vazios de Deus'... Dilatava o tempo emocional da essencialidade, a ponto de se sobrepor à existencialidade... Produzia amplitude da consciência a ponto de o ser humano descobrir em si a eternidade... Causava efeitos tão maravilhosamente especiais nas pessoas, que brotavam delas verdadeiros incêndios de esplêndidas afirmações... Incêndios de amor puro e puro amor.

Meu meigo Rabi da Galileia!

A Vossa voz, naquela época de encarnado, era o principal remédio que curou a alma e o corpo de todos nós. Atualmente, consigo até uma explicação teórica. É que... A Vossa voz provocava em nós saltos quânticos, pois era solene e tinha o calor divino da esperança e do enaltecimento à vida... Despertava nas criaturas a integração ao fluxo da correnteza da vida universal... Levava os ouvintes, encarnados e desencarnados, ao êxtase divino... Regurgitava nas pessoas a voz do homem crístico, a qual é estimuladora da espiritualização... A Vossa voz, Senhor, fazia com que o homem mantivesse o seu entusiasmo assentado na razão cósmica... O magnetismo da Vossa voz, Mestre, nos levava a celebrar com gratidão ao Autor da Vida cada minuto de nossa vida... Enfim, Senhor, a energia da Vossa voz irrigava os nossos corações com os aromas do amor incondicional.

Senhor!

Atualmente, já concebo que o nosso Criador fala aos homens através dos homens. Em assim sendo, recordo-me das Vossas pregações há dois mil anos.

Ah, Mestre!

Eu me lembro!... Eu me lembro do estado emocional em que ficávamos ao ver o Cristo-Pai operando maravilhas através de Vossas palavras... Ainda hoje, Senhor, lembro-me do brilho que surgia em nossos rostos quando ouvíamos as Vossas conferências... Naqueles instantes mágicos, tínhamos certeza de que nada supera a força do amor... Tínhamos Deus como causalidade absoluta... Como causa sem causa... Sabíamos que quem é estigmatizado pela luz do Cristo, permanece para a eternidade.

Obrigado, Mestre! Obrigado por este convívio crístico... Obrigado por estes inusitados instantes.

Graças a Deus!
Amém!

***

Estamos chegando ao final de nosso encontro consciente com Jesus... Ao fim de nossa autoimantação com o Nazareno Mestre.

Como não tenho dúvida de que milhões de espíritos encarnados e desencarnados serão beneficiados com este divino devaneio... Que milhões de pessoas poderão se autoajudar, autoiluminar, autocurar, autodescobrir, descobrir o sentido sagrado da vida, voltemos ao nosso mundo, convictos de que *somos o que pensamos, somos o que aspiramos a ser, somos o que amamos.*

Façamos uma prece de gratidão ao Supremo Criador — o Autor da Vida.

***

> Jesus, o Mestre dos Mestres, enfocou a Lei de Causa e Efeito sob diversos ângulos, de forma que ficasse bem explícito para o homem terreno que o universo é regido por leis perfeitas, porque criadas pela Perfeição Absoluta – Deus.
>
> O homem de estirpe espiritual superior vive naturalmente sintonizado com frequências mentais e emotivas mais profundas, o que lhe faculta um contato mais direto com a Fonte da Vida e lhe permite nutrir seus semelhantes de bons pensamentos, bons propósitos e

sentimentos crísticos. Teoricamente, podemos apenas imaginar a grandeza e o alcance da reação da lei à ação de um homem puro, bem como os frutos de sua semeadura, por se ter utilizado, em suas santificadas ações, do combustível sublimado — o amor![70]

[70] Extraído do livro ***O evangelho e a lei de Deus***.

Capítulo 24
Miopia psíquica por falta de autoamor

Pergunta 70: - Por que a falta de amor causa miopia psíquica?

Resposta: – O espírito humano, quanto mais ama, mais amplia a sua consciência e passa a ver também com os olhos da imaginação, pois, mentalmente, penetra progressivamente nas dimensões transcendentes e vislumbra as belezas edênicas motivadoras da busca consciente de mais Deus e mais verdades. É da natureza de todos nós, Cristos-criaturas, nos empenharmos para sentir as ondas crísticas da essência de nosso Cristo-Criador e, simultaneamente, vermos a Sua Criação nas infinitas dimensões antes de serem materializadas no plano físico.

O míope, no entanto, por lhe faltar a visão imaginária de abrangência cósmica, só consegue ver com clareza a pequenas distâncias, assim mesmo restrito ao universo da forma concreta. Tal criatura, por ter despertado apenas uma fagulha de seu Cristo interno, de seu Deus-Amor, não consegue vislumbrar o eternamente novo nas dimensões consideradas temporariamente "imponderáveis". Eis aí a razão de muitos ficarem presos às suas milenares verdades, como se fossem eternas, mesmo concebendo o eterno transformismo da Criação.

Tenhamos em mente que:

• O ponto de partida para dilatarmos a nossa capacidade de amar e, gradualmente, vencermos a nossa miopia psíquica, é o autoamor. Antes do autoamor, ficamos rodopiando em torno de nosso vazio existencial à procura do nada, com o agravante de nos isolarmos em nosso mundículo e passarmos a nossa breve vida no plano dos encarnados sem a saudável convivência com outros humanos, nossos semelhantes.

• Existem criaturas portadoras de pouca saúde psicoemocional que fogem de si mesmas, porque não conseguem um bom relacionamento entre os humanos, mas não se esforçam para saírem de seus cárceres psicológicos. Em muitos casos, expressam autopunição inconsciente, mas são notadas com clareza pela sociedade.

• Os míopes psíquicos, egoístas por natureza, por falta de amor-próprio não se dedicam a criar ou participar de movimentos que produzam bem coletivo aos seres humanos, seus semelhantes.

• Existem indivíduos que, ao se refugiarem em seus abismos psicológicos, abraçam causas extras ao seu programa reencarnatório para não se enfrentarem, quase sempre se esquivando da festiva convivência com outros humanos.

• Muitos desses doentes psíquicos estão clamando por afeto. São carentes de afeto... São carentes de Deus.

• Boa parcela dos doentes que sofrem de miopia psíquica é agressiva, demonstrando desarmonia íntima, falta de realização pessoal ou afetivo-sexual, pois não aceita a sua programação reencarnatória. São revoltados com a vida. Nesse sentido, escreveu Joanna de Ângelis: "Os maiores carrascos da humanidade tinham problemas sexuais".[71]

• Tais doentes, dependendo do grau de delinquência, criam ideias fixas e podem matar ou morrer por causas fúteis ou inúteis, desde que estas atendam às suas medíocres e asfixiantes aspirações. Doentes com essas características necessitam de maciças doses de amorterapia aplicadas na veia por seus semelhantes mais experientes de Deus, sem abdicar, evidentemente, de doses maciças de evangelhoterapia.

É notório, pois se percebe, sem muito esforço, que o ser humano portador de aspirações nobres não se detém nas causas corriqueiras da vida, as quais podem atrofiar as visões transcendentes, aquelas que nos projetam rumo ao eternamente novo na busca consciente de Deus. O ideal é buscarmos equilíbrio entre a existência e a essência, para não perdermos o sentido sagrado

[71] Extraído do livro *Amor, imbatível amor.*

de cada reencarnação. Em assim sendo, aproveitemos da melhor maneira possível a nossa vida para crescermos moralmente e, assim, dilatarmos a nossa visão e vencermos a nossa miopia psíquica para vermos, a grandes distâncias, as magníficas obras dos engenheiros siderais, criadores de mundos no universo de Deus.

Pergunta 71: - Qual a causa da miopia espiritual?

Resposta: – A Terra é habitada, predominantemente, por espíritos primários, aqueles de pouca experiência com Deus por terem sido graduados ao reino humano há poucos milênios. Logicamente, ainda não tiveram reencarnações suficientes para saírem das faixas vibracionais inferiores, as quais agregam muito mais aqueles que atendem com maior facilidade à atração causada pela ancestralidade animal do que pelo empuxo divino em direção aos Céus, o que é natural, uma vez que a evolução espiritual não dá saltos. Existem também aqueles que não aproveitam adequadamente a sagrada oportunidade da reencarnação. São negligentes para com os *Haveres dos Céus*. Em muitos casos, quando começam a despertar quanto ao sagrado sentido da vida, já estão longevos, naturalmente com pouco tempo na condição de encarnados e, logicamente, sem aspirações e sem forças psicofísicas para grandes mudanças por falta de hábitos renovadores.

Outros fatores, no entanto, também podem causar bloqueios os mais variados em milhões de encarnados e desencarnados, dificultando o deslanchar da vida mental em nível superior.

Vejamos:

• Escreveram os espíritos integrantes da Sagradas Fileiras que, nos últimos 18 séculos, milhares de espíritos corporificados na Terra sofreram grandes danos morais praticados pelos mandatários daquela época, principalmente com as aberrações sexuais e, em especial, com estupros, além da adoração aos deuses do horror, da vingança, da morte.

• Diante dos trágicos acontecimentos, tais espíritos ficaram psiquicamente enregelados e, tomados pela revolta, pois decepcionados com seus opressores e com os deuses cultuados em função das imposições de seus líderes, não aceitaram reencarnar no percurso dos últimos 1.800 anos, para continuarem evoluindo e, assim, vencerem os seus traumas.

• Ultimamente, nesta fase de transição planetária que estamos vivendo, momento de separação do joio do trigo, uma grande parcela desses enregelados psíquicos vem reencarnando, mas nem todos têm conseguido conduzir a vida com harmonia íntima, principalmente quando se trata de vida afetivo-sexual. Com traumas tão profundos, mesmo após tantos séculos, não conseguiram compreender o porquê de tais agruras. Também não conseguiram se perdoar nem aos opressores e, assim, substituírem valores, considerando que, na vida, tudo passa e que não há possibilidade de voltarmos no tempo para corrigir a nossa história.

Por ser da Lei de Deus que o passado se corrige no presente para que no futuro nos dediquemos à busca consciente de novos e eternos conhecimentos libertadores, para irmos nos desatrelando das amarras psicológicas que nos impedem de ver com clareza um futuro dadivoso, é necessário não ficarmos emocionalmente presos ao nosso ontem, seja de que natureza tenha sido, pois o universo criado, além de ser dinâmico, obedece ao eterno transformismo e, na vida, tudo passa.

Pergunta 72: - Bom percentual do conjunto espiritual do planeta Terra sabe que estamos passando pelo tão esperado momento seletivo de separação do lobo do cordeiro. Por que, mesmo assim, ainda existem espíritos encarnados e desencarnados refratários às mudanças naturais solicitadas pelo momento histórico da Terra?

Resposta: – Para muitos indivíduos, as dores ou os sofrimentos já vividos não foram suficientes para levá-los à reflexão quanto à necessidade emergencial de darem sentido crístico à vida. E, como o tempo para os refratários ao novo momento planetário está se esvaindo, é saudável nos empenharmos com dedicação total na busca de conhecimentos que nos libertem dos emaranhados psicológicos trazidos de vidas anteriores. Urge que nos dediquemos às nossas próprias e emergenciais mudanças.

***

Para nossa reflexão:

• Enquanto o mal for evitado por nós tão somente por causa das dores ou dos sofrimentos que possam nos acarretar, muitos poderão achar que conseguirão driblar as Leis do Criador e, com tal atitude infantil, negligenciarem os convites que a própria vida lhes oferece, solicitando mudanças condizentes com os novos e eternos momentos renovadores. Para todos nós, o ideal é evitarmos o mal nos graduando à espontaneidade das ações crísticas, aquelas que seguem os princípios ético-morais evangélicos.

• Quando pautamos a nossa existência seguindo os ensinamentos lecionados e vividos pelo Nazareno Mestre, os quais nos garantem que não estamos infringindo as Leis de Deus, nos sentimos bem diferentes e seguros diante das leis soberanas do Legislador Supremo.

• Para a nossa vida servir de modelo para nossos semelhantes se espelharem e seguirem a trajetória ascensional, refletindo para o mundo a imagem e a mensagem do Meigo Jesus, é necessário que sejamos transparentes na condução de nossa vida perante os olhos de Deus-Lei e dos olhos dos homens, para que, assim, vivendo e convivendo com os diferentes e as diferenças, deixemos rastros luminosos por onde passarmos.

Os espíritos refratários às mudanças naturais solicitadas pelo momento histórico da Terra necessitam da compreensão e da misericórdia dos mais lúcidos quanto ao *juízo final* que estamos vivendo, principalmente com a separação do lobo do cordeiro. Em assim sendo, abramos os nossos braços e, em um amplexo de amor, abracemos os mais carentes de Deus. Eles estão clamando por afagos crísticos com o calor da misericórdia. Sejamos nós, os mais lúcidos quanto ao momento apocalíptico, a afagá-los fraternal e carinhosamente.

***

Leitor companheiro, filho do Inequívoco Absoluto!

Antes de chegar ao final de seu passeio pelo seu universo íntimo e pelo cosmo, converse mais um pouco com Deus e diga-Lhe quanto à sua reflexão após esses crísticos devaneios. Comente sobre a sua saúde psicossomática... Fale com Ele e diga-Lhe:

Senhor Altíssimo!

Percebo que, quando fazeis referência a Jesus, o ambiente em que me encontro imaginando Vos ouvir fica sacratissimamente alterado. Ao ouvi-Lo Se referir ao meu Mestre Amado, sinto-me inebriado pela linfa do puro amor que Ele É e me extasio imaginando-me ouvindo-O... Ouvindo a voz melodiosa de um anjo... Ouvindo a voz d'Aquele que há dois mil anos energizou o globo terráqueo com a Sua própria essência — o amor.

Nesse meu devaneio, imagino-me vendo-O e ouvindo-O no final das tardes ensolaradas em Nazaré. Ali, Ele, majestoso e aureolado pelo Sol, na presença do Cristo-Pai, falando do Vosso Reino.

E eu, mesmo sem ter onde apoiar a minha mente por falta de conteúdo moral, fico imaginando Jesus — o Sol Divino — interagindo com o Cristo Planetário, canalizando para a Terra as energias alimentadoras da vida... As benesses celestiais para a Terra e seus viventes.

Naqueles sacros momentos!
Oh, Deus-Pai!
Oh, Supremo Deus do Universo!
Eu imagino Jesus na condição de ímã crístico inebriando o planeta com a Sua misericordiosa e sagrada voz!...
Eu imagino quanta emoção crística naqueles ambientes!
A profusão de luzes nos lugares onde Ele falava!...
O fogaréu de luzes que saía da boca santa do Supremo Tribuno a energizar o mundo e a sua humanidade!
Meu Pai! Eu imagino!

Graças a Deus!
Amém!

***

Em dado momento, perguntei a Silvestre sobre o que constava no planejamento dos Adventos Crísticos para atrair a atenção da sociedade em nome de nosso Mestre Jesus de Nazaré. E, em nome das Sagradas Fileiras, em 04.06.1991, através de Therezinha Teixeira Pereira de Carvalho, ele escreveu:

Repetimos-te, ratificando a missiva anterior: o planejamento dos Sagrados Adventos existe em razão de ti[72] e alguns outros, posto que insere em teu âmago a redenção de muitos déspotas, poderosos tiranos e, principalmente, líderes religiosos, que, sob a égide da impunidade, da incúria[73] de seus maléficos mandatos, calavam vozes altaneiras, beneméritos e missionários a serviço da Suprema Luz.

Teu maior mérito é a palavra convincente, a persuasão sublimada, visto que embasada na veracidade da fé inconteste.

Continuemos em oração, mantendo uma potentíssima e luminosa corrente protetora envolvendo aqueles que assumiram compromisso com o Nazareno Mestre, para, nesta fase de transição planetária, auxiliarem na implantação dos Adventos Crísticos.

Em assim sendo, o que atrairá a atenção da sociedade para abraçar a causa adventista será a palavra convincente de seus representantes, principalmente aquelas retiradas de *A Arca do Desconhecido* que estão no arquivo akásico da Terra.

***

> Viver no mundo sem ser do mundo é acontecimento para poucos humanos. É possível que muitos, nas idas e vindas dos sucessivos encarnes nesses dois mil anos de Cristianismo, ainda não tenham refletido sobre a causa que levou Jesus, o mais avançado instrutor espiritual que encarnou na Terra, a promover Seu próprio descenso vibratório para aqui chegar, consumindo mais de mil anos-Terra e, em nome do Cristo-Pai, em um gesto inconcebível para nós, mortais, de doação criativa incondicional, vir expor e vivenciar o Evangelho-Lei![74]

[72] Por misericórdia, continuem orando por mim. (N.A.)
[73] Falta de cuidado, de atenção; negligência. Desmazelo com os negócios. Ausência de iniciativa, de atividade. Fonte: Dicionário online de Português.
[74] Extraído do livro *O evangelho e a lei de Deus*.

Capítulo 25
Amar ao Cristo planetário terráqueo

Pergunta 73: - Quais as características de um ser humano que ama o Cristo em Sua condição de médium de Deus?

Resposta: – Não é tarefa muito fácil para os pesquisadores da conduta social concluírem tal avaliação com segurança, considerando o imenso número de indivíduos que possuem grande capacidade mimética. Em assim sendo, para o pesquisador obter o sucesso almejado, deverá adquirir meios seguros para acompanhar o dia a dia do pesquisado. Caso só possa avaliar através da conduta externa dele, não obterá resultados satisfatórios, devido às mudanças comportamentais de muitas criaturas, de acordo com as conveniências e, também, com as circunstâncias.

Em sendo a moral a primeira lei da vida, ou seja, *amar a Deus sobre todas as coisas*, o método pedagógico mais adequado para o pesquisador ser bem-sucedido em suas avaliações é observar o pesquisado através da **ética**, a segunda lei da vida, ou seja, a sua relação social, ao demonstrar o quanto *ama o seu próximo como a si mesmo*... O quanto ama aqueles que estão no mesmo plano.

Avaliemos um ser humano que ama a Deus sobre todas as coisas:

- Ele, naturalmente, considera as demais pessoas suas irmãs, pois filhas do mesmo Pai-Criador, o que o leva a se tornar solidário para com as necessidades de seus semelhantes e a abraçá-los fraternalmente...
- Por ser conhecedor das leis da Reencarnação e de Causa e Efeito, não pratica um só ato que contrarie os princípios éti-

co-morais evangélicos, além de ser transparente na condução da vida...

• Imbuído do amor evangélico, torna-se uma pessoa agradável, bem-humorada, alegre, simpática, otimista, mansa por natureza, pacificadora, amorosa, portadora da compaixão e, naturalmente, misericordiosa. Em síntese, uma criatura evangelizada reúne as qualidades que identificam a sua relação consciente com Deus em função de sua relação com os seus semelhantes...

Portadores de tais dados da pessoa pesquisada, teremos elementos que nos darão boa noção para sabermos se ela verdadeiramente ama a Deus sobre todas as coisas.

Enquanto portadores de conflitos íntimos, o amor que demonstraremos para com os nossos semelhantes é acanhado devido à falta de magnetismo aglutinador de vibrações do universo, as quais transportam ondas de paz revestidas de amor de cunho universalista.

Pergunta 74: - De que maneira trabalhar as nossas aspirações, no sentido de, gradualmente, ampliarmos a nossa capacidade de amar ao Supremo Criador em primeiro lugar?

Resposta: – Embora não possamos ter um parâmetro único a respeito da maneira como cada indivíduo deve ampliar a sua capacidade de amar a Deus, considerando a heterogeneidade evolutiva da humanidade terrena, para ampliarmos, gradualmente, a nossa capacidade de amar ao Supremo Artífice da Vida, o exercício mais lógico é nos desprendermos emocionalmente dos tesouros transitórios do plano material sem negligenciá-los, tendo em vista o estado emocional em que vivem aqueles que, ao invés de possuírem bens materiais, são possuídos por eles. Logicamente, se a nossa vida mental estiver atrelada às disputas do plano material, dificultaremos a nossa visão transcendental.

Quando a nossa vida mental está voltada para as aquisições transitórias, são geradas ondas de altíssimo teor energético não iluminativo, as quais poderão nos prender ao plano da forma, dificultando nossos devaneios com direção e sentido voltados para os planos energéticos e luminosos da abstração.

***

Para nossa reflexão:

• Observemos como nos comportamos em momentos de desconforto, comuns aos encarnados que estão a caminho da evangelização.

• É salutar nos interrogarmos, cada qual de ***per si***: "Uma vez que sou conhecedor de que na Criação de Deus não há falhas, por que me revolto nos momentos em que sou conduzido às oficinas da dor para um breve polimento na minha conduta, tendo em vista que sou eterno e as Leis de Deus são perfeitas e universais?".

• Avaliemos o nível de desapego que já galgamos quanto aos tesouros de qualquer natureza do plano concreto, sem negligenciá-los, pois, eles são úteis para os exercícios de autoiluminação e desprendimento crescente. Para tal, verifiquemos se a nossa paisagem mental está povoada mais por valores terrestres ou celestes, "porque onde estiver o vosso tesouro, ali estará também o vosso coração" (LUCAS, 12:34).

Ao admitirmos que o processo ascensional é comum para todos os espíritos, tenhamos em mente que, antes de adquirirmos a misericórdia do ver, ouvir e falar, os Céus não poderão contar com a nossa presença, tendo em vista que só adentram os pórticos celestiais os portadores da ***túnica nupcial*** evangélica. Por assim ser, ampliarmos a nossa capacidade de amar a Deus em primeiro lugar é o nosso sagrado mister e, para sabermos se já estamos meritoriamente qualificados para tal, observemos as cores de nossa esfera áurica.

Pergunta 75: ***- Em sendo comum para a maioria dos espíritos encarnados na Terra perseguirem, com integral dedicação, o seu progresso material, por que, ao ampliarem o fator moral, muitos renunciam emocionalmente às conquistas econômico-financeiras?***

Resposta: – Quando tal acontecimento ocorrer espontaneamente, consideremos normal, pois, sem força-energia externa, de forma que o praticante do desapego aos tesouros terrestres não tenha como causa a aquisição de tesouros celestes, dominado pelo fanatismo religioso, ainda muito comum aos que ignoram a Legislação Divina, porque o Legislador Supremo não comunga com barganhas. O desapego natural acontece em função de nossa evolução espiritual. Por isso, deve ser realizado de maneira suave, progressiva e silenciosamente, para evitar ficarmos sem tesouros terrestres nem méritos para usufruirmos das benesses celestes.

Vamos refletir nos apoiando na mensagem evangélica do Nazareno Mestre que consta em Mateus (6:24-33): "Ninguém pode servir a dois senhores, porque ou odiará a um e amará o outro, ou dedicar-se-á a um e desprezará o outro. Não podeis servir a Deus e à riqueza".

Reflitamos:

- Para o ser humano entrar em contato vibratório com as altas esferas celestiais, precisa se desapegar, emocionalmente, das riquezas transitórias, principalmente se o bem não for produto de seu trabalho. O fato de o ser humano se locupletar com bens alheios gerará o antivital sentimento de culpa, razão pela qual ele poderá desencarnar antes do tempo previsto, devido à silenciosa autopunição. Na verdade, estará praticando o suicídio a longo prazo, ou até mesmo a curto prazo, principalmente quando somos acometidos por acidentes vasculares cerebrais ou infartos causados por impactos emocionais.
- Quando o bem material for gerado por meios ilícitos, o seu administrador temporário deve saber que tal bem contém uma dose maciça de veneno, o qual vai corroê-lo sutilmente e, também, os seus agregados, que, conscientemente, desfrutarem ou herdarem bens dessa natureza. Tais pessoas, por viverem constantemente tomadas pelo antivital sentimento de culpa, por estarem vivendo fora da lei, também poderão desencarnar antes de completar o seu tempo reencarnatório, o que é muito comum na Terra.
- O envenenamento por bens ilícitos é devido à prática de aquisições escusas por criaturas que usam suas mentes em desarmonia com a Legislação Divina. O conflito íntimo advindo de tais ações lhes causa a produção, por seu próprio organismo, de produtos químicos tóxicos e, também, lixo mental, o que lhes

gera desequilíbrio neurocerebral, em função de irregularidades no desempenho dos neurotransmissores, advindo, de tal conduta, as doenças degenerativas.

Estejamos convictos de que a natureza não dá saltos na evolução moral. Em assim sendo, vamos ampliar a nossa moral, ou seja, a nossa ligação com Deus, mas de maneira gradativa e consciente, para não afetarmos a nossa saúde psicoemocional. Sabemos que não é a riqueza nem a pobreza que nos gradua para adentramos no Reino de Deus, mas a nossa vivência evangélica. É de bom alvitre ressaltar ***que não existe proteção superior à honestidade***, segundo Pietro Ubaldi.

***

Foi possível perceber, durante a leitura-estudo deste livro, que, com os nossos crísticos devaneios, nós nos projetamos mentalmente para as paradisíacas dimensões habitadas por espíritos evoluídos, ascensionados, angélicos e arquiangélicos.

Para você, leitor, encerrar o seu passeio imaginário, visando a despertar a centelha de Deus existente em seu âmago, despertar o seu Cristo Interno, ouça, em seu ensurdecedor silêncio interior, uma voz angelical que lhe diz:

Quando, nas horas de íntimo desgosto, o desalento te invadir a alma e as lágrimas te aflorarem aos olhos, busca-me.[75]

Eu Sou aquele que sabe sufocar-te o pranto e estancar-te as lágrimas.

Quando te julgares incompreendido pelos que te circundam e vires que em torno há indiferença, acerca-te de mim.

Eu Sou a luz sob cujos raios se aclaram a pureza de tuas intenções e a nobreza de teus sentimentos.

Quando te extinguir o ânimo para arrastares as vicissitudes da vida e te achares na iminência de desfalecer, chama-me.

Eu Sou a força capaz de remover-te as pedras do caminho e sobrepor-te às adversidades do mundo.

Quando, inclementes, os vendavais da sorte te açoitarem e já não souberes onde reclinar a cabeça, corre para junto de mim.

[75] Um bem-aventurado passou pela Terra e deixou esta lindíssima página sem assinatura. Vamos agradecer-lhe, pedindo a Deus que ele, em qualquer plano que esteja, continue brindando a humanidade com outras lindas mensagens.

Eu Sou o refúgio em cujo seio encontrarás guarida para teu corpo e tranquilidade para teu espírito.

Quando te faltar a calma nos momentos de maior aflição e te considerares incapaz de conservar a serenidade de espírito, invoca por mim.

Eu Sou aquele que te dará a paciência que te fará vencer os transes mais dolorosos e triunfar nas situações mais difíceis.

Quando te debateres nos paroxismos da dor e tiveres a alma ulcerada pelos abrolhos, grita por mim.

De mim receberás então o bálsamo que cicatrizará as chagas e te minorará os padecimentos.

Quando o mundo te iludir com promessas falazes e perceberes que ninguém mais pode inspirar-te confiança, vem a mim. Em mim sentirás a sinceridade que sabe corresponder à franqueza de tuas atitudes e à excelsitude de teus ideais.

Quando a tristeza e a melancolia te povoarem o coração e tudo te causar aborrecimento, chama por mim.

Eu Sou a alegria que insufla um alento novo e te faz conhecer os encantos de teu mundo interior.

Quando, um a um, te fenecerem os ideais mais belos e te sentires no auge do desespero, apela por mim.

Eu Sou a esperança que te robustece a fé e te acalenta os sonhos.

Quando a impiedade se recusar a relevar-te as faltas e experimentares a dureza do coração humano, procura-me.

Eu Sou o perdão que te levanta o ânimo e promove a reabilitação do teu espírito.

Quando duvidares de tudo, até de tuas próprias convicções, e o ceticismo te avassalar a alma, recorre a mim.

Eu Sou a crença que te inunda de luz e entendimento e te habilita para a conquista da felicidade.

Quando já não provares a sublimidade de uma afeição terna e sincera e te desiludires do sentimento do teu semelhante, aproxima-te de mim.

Eu Sou a renúncia que te ensina a olvidar a ingratidão dos homens e a esquecer a incompreensão do mundo.

E, quando, enfim, quiseres saber quem sou, pergunta ao riacho que murmura e ao pássaro que canta, à flor que desabrocha e à estrela que cintila, ao moço que espera e ao velho que recorda. Chamo-me AMOR, o remédio para todos os males que te atormentam o espírito!

Eu Sou Jesus!

Graças a Deus!
Amém!

***

Esperamos que, com os crísticos devaneios e com os ensinamentos sobre as Leis de Deus constantes neste livro, tenhamos colaborado com o despertar do Deus interior dos leitores... Com o despertar da centelha de Deus de que somos portadores e, assim, ficarmos convictos de que amar é a suprema ciência da vida.

Para mantermos a nossa chama crística bem acesa, sempre que possível voltemos a ler esta obra, até que a essência dela seja afixada à nossa alma.

Saúde e paz para a humanidade!
Bênçãos do nosso muito amado Mestre
Jesus de Nazaré!

Encerramento

Observamos, durante o estudo deste livro, que o seu objetivo divino foi nos conduzir à conscientização de que **amar é a suprema ciência da vida**, razão pela qual transformamos a palavra sagrada amor em um elevado e universal mantra, a ponto de, quando a pronunciarmos com convicção e com o tom da sacralidade, nos magnetizarmos divinamente e, também, os nossos ouvintes dos dois planos com a essência de Deus-Amor.

Para encerrarmos esse nosso salutar encontro, colocamos, a seguir, belos e estimulantes pensamentos retirados dos demais livros que tratam da implantação dos Adventos Crísticos, cuja finalidade é aguçar os leitores a conhecerem a proposta apresentada pela Espiritualidade Superior para renovar o Cristianismo.

Sejamos centro de convergência e de expansão da Luz do Cristo, tendo o Nazareno Mestre como nosso modelo e guia e guia de nossos guias.

Paz para a humanidade!

Adventos Crísticos (1996)

Os *Adventos Crísticos*, como proposta para a reformulação na condução do Cristianismo, pretendem, em síntese, transformar o *Evangelho-letra* em *Evangelho-vida*... O Evangelho para os ditos religiosos em Evangelho para o homem-espécie dos quatro pilares da sociedade.

É do conhecimento de todos que a Lei do Progresso conduz o espírito à contínua dilatação de sua consciência. É sensato, então, refletir sobre a grandeza gloriosa desta aurora, única para todo o conjunto planetário, o que nos leva ao devaneio divino de imaginarmos a sensação que têm os indivíduos que já se conscientizaram do que seja estar espontaneamente a serviço do Cristo-Pai, alimentando os homens da Terra com o Seu Crístico Advento, tendo como seu modelo e guia o Nazareno Mestre.

O Fim dos Tempos e os Discos Voadores (2002)
No momento em que os valores da humanidade desfalecem em decadência dolorosa, observemos que, na superfície da Terra, nos encontramos sob o mais grave e espinhoso exame de conduta espiritual aplicado pela pedagogia sideral, tendo como base a Lei de Causa e Efeito. Segundo as Profecias, dois terços (67%) da humanidade encarnada poderão ser reprovados no exame final em que já estamos vivendo, sendo que uma boa parcela perecerá e será exilada para o 'planeta higienizador' nessa fase de ajuste da mudança de ciclo.

O Evangelho e a Lei de Deus (2003)
Que o Evangelho seja para todos nós um método de harmonização universal, por meio do qual se perceba a divindade na poesia sublime do amor que Jesus, o Sublime Sintetizador Cósmico, doou à humanidade terrena. Portanto, evangelizarmo-nos é o nosso mister.

A Arte de Interpretar a Vida (2008)
O humano ser, enquanto dominado pelas conquistas da transitoriedade existencial... Enquanto sem aspirações para com o eterno vir a ser, devido à sua condição egoica exacerbada, sente-se muito mais eufórico para dar vazão ao instinto do animal que foi do que ao seu eu crístico, a fim de se tornar pacífico e se graduar à condição evangélica de pacificador.

A Predestinação Espiritual do Brasil (2011)
A humanidade, no terceiro milênio, intuitivamente, direcionará suas aspirações espirituais para o Cristo Planetário da Terra, tendo Jesus, o Nazareno Mestre, como guia. Seu Evangelho servirá de modelo para a ascensão ético-moral da humanidade, independentemente de diferenças culturais, religiosas, étnicas etc.

Pérolas de Esperança (2013)
Em sendo Jesus um traço de união entre nós e o Cristo-Criador da Terra, o livro procura dinamizar o nosso Cristo interno, a

fagulha de amor que somos, a fim de nos graduarmos à condição de porta-vozes d'Ele — o Nazareno Mestre —, tendo em vista que Ele consolidou os Seus sagrados dons no coração e irradiou bem-estar, paz, alegria, mansuetude, felicidade, ternura.

O Cristianismo Renovado (2014)
Falamos alhures que harmonia íntima, alegria, bom humor, ternura, boa vontade, disciplina, afeto e amor são qualidades que o cristão precisa trazer ao consciente para ter condições de reformar o Cristianismo. Isso porque o Nazareno Mestre — Grão-Mestre do Cristianismo — é a eterna manifestação de paz, e nós aspiramos a sermos Seus porta-vozes.

Os Novos Rumos do Cristianismo (2016)
Sabemos que renovar o Cristianismo é renovar o cristão. A partir do momento em que, por evolução espiritual, as pessoas concebem o Cristo-Pai como Criador da Terra e veem em tudo criado a Sua manifestação, procuram se unir às demais criaturas de Deus, mas sem se fundirem, pois sabem que as frequências mentais que identificam suas inclinações naturais são diferentes.

Cura e Autocura à Luz do Evangelho (2017
Os Adventos Crísticos, por serem uma proposta renovadora do Cristianismo e inovadora para substituir valores sem valor para a Era de Aquário, não se detêm no tratamento especificamente direcionado ao corpo somático, mas primordialmente à alma, tendo em vista a visão holística da Nova Era. Portanto, para que a pessoa se torne um ser integral, não poderá fugir da máxima universal: *alma sã, corpo são*. Assim é a Lei de Deus.

Brasil, a Luz do Mundo (2018)
É possível antever que a ação do Brasil para evangelizar a sociedade, mesmo quando a sua maioria desconhece as leis da Reencarnação e de Causa e Efeito, não será impossível, tendo em vista que as forças da natureza entrarão em ação, contribuindo magnificamente com o evento. Será a dor aproximando os homens dos homens e o homem de Deus.

Retorno Consciente para Deus (2019)

Por ser Deus a perfeição absoluta, os espíritos terráqueos, de acordo com as suas graduações evolutivas, foram oportunizados nos signos anteriores, para, em Aquário, Era da Força Mental, estarem espiritualmente graduados para continuarem reencarnando no planeta Terra.

A Legislação Divina (2021)

O momento histórico da Terra, devido a se encontrar em transição planetária, solicita mudanças substanciais na vida mental daqueles que, quando estão divulgando os Haveres dos Céus, abaixam a cabeça com vergonha de serem porta-vozes da divindade. São almas acanhadas que necessitam de um impulso crístico para despertarem os seus Cristos internos.

Permita Deus que continuemos sob as asas do Avatar do Amor — Jesus de Nazaré.

Bibliografia

ÂNGELIS, Joanna de (Espírito). *Amor, imbatível amor*. [Psicografado por] Divaldo Pereira Franco. Miami: Leal Publisher, 2014.

CAMPOS, Humberto de (Espírito). *Brasil, coração do mundo, pátria do evangelho*. [Psicografado por] Francisco Cândido Xavier. 18. ed. Brasília, DF: Federação Espírita Brasileira, 1938.

MARQUES, América Paoliello. *Evangelho, psicologia, ioga*. Rio de Janeiro: Freitas Bastos, 1995.

MIRAMEZ (Espírito). *Francisco de Assis*. [Psicografado por] João Nunes Maia. 12. ed. Belo Horizonte: Fonte Viva, 1997.

RAMATÍS (Espírito). *Elucidações do além*. [Psicografado por] Hercílio Maes. 9. ed. Limeira: Conhecimento, 2003.

———. *Fisiologia da alma*. [Psicografado por] Hercílio Maes. 18. ed. Limeira: Conhecimento, 2020.

———. *Mensagens do astral*. [Psicografado por] Hercílio Maes. 18. ed. Limeira: Conhecimento, 2015.

———. *Missão do espiritismo*. [Psicografado por] Hercílio Maes. 10. ed. Limeira: Conhecimento, 2005.

———. *O evangelho à luz do cosmo*. [Psicografado por] Hercílio Maes. 11. ed. Limeira: Conhecimento, 2005.

———. *O sublime peregrino*. [Psicografado por] Hercílio Maes. 18. ed. Limeira: Conhecimento, 2006.

SANTOS, Adolfo Marques dos. *A arte de interpretar a vida*. Limeira: Conhecimento, 2008.

———. *A legislação divina*. Limeira: Conhecimento, 2020.

———. *A predestinação espiritual do Brasil*. Limeira: Conhecimento, 2011.

———. *Adventos crísticos*. Limeira: Conhecimento, 1979.

———. *Brasil, a luz do mundo*. Limeira: Conhecimento, 2018.

————————. *Cura e autocura à luz do evangelho*. Limeira: Conhecimento, 2017.

————————. *O cristianismo renovado*. Limeira: Conhecimento, 2014.

————————. *O evangelho e a lei de Deus*. 3. ed. Limeira: Conhecimento, 2012.

————————. *O fim dos tempos e os discos voadores*. 3. ed. Limeira: Conhecimento, 2012.

————————. *Os novos rumos do cristianismo*. Limeira: Conhecimento, 2016.

————————. *Pérolas de esperança*. Limeira: Conhecimento, 2013.

————————. *Reversão: retorno consciente para Deus*. Limeira: Conhecimento, 2019.

SHAOLIN (Espírito). *Jesus voltando*. [Psicografado por] João Nunes Maia. Belo Horizonte: Fonte Viva, 1991.

UBALDI, Pietro. *A grande síntese*. 11. ed. São Paulo: LAKE, 1979.

————————. *A lei* de *Deus*. 4. ed. Campos dos Goytacazes: Fundapu, 1984.

————————. *A técnica funcional da lei de Deus*. Campos dos Goytacazes: Fundapu, 1985.

AMAR: A SUPREMA CIÊNCIA DA VIDA
foi confeccionado em impressão digital, em agosto de 2023
Conhecimento Editorial Ltda
(19) 3451-5440 — conhecimento@edconhecimento.com.br
Impresso em Luxcream 80g - StoraEnso